Seekajakziele

Bild Titelseite
Es gibt hunderte von Gelegenheiten, eine Schäre für sich allein zu haben. Es ist der landschaftliche Höhepunkt der skandinavischen Ostseeschären.

Bild Titelrückseite
Paddeln unter den Felsüberhängen der bizarren Inseln der Phang-Nga-Bucht.

1. Seite
Eingang zu einem ‚Hong' in der Inselgruppe Ko Hong. Die Hongs sind Meeresbuchten im Innern der Inseln, durch eine Höhle oder wie hier durch schmale Eingangstore zugänglich.

Impressum

Pollner Verlag
Rotdornstraße 7, D–85764 Oberschleißheim

ISBN 3-925660-78-X

Gedruckt auf chlorfrei gebleichtem Papier.

Satz: Brita Maier-Broszeit, München
Repro: Publicdesign, Bernau
Titelseitengestaltung: Publicdesign, Bernau
Druck: Pollner Verlag und Aman Druck
Buchbinder: Thomas Buchbinder, Augsburg

Alle Bilder sind von Günter Siebke

Beachten Sie bitte immer: Küsten unterliegen einem ständigen Wandel. Daher sind die Beschreibungen nur Anregungen für Kajakfahrten. Schriftliche und bildliche Darstellungen dieses Werkes erfolgten nach bestem Wissen und Gewissen des Autors. Die Befahrung geschieht auf eigene Gefahr. Eine Haftung durch Verlag und Autor kann nicht übernommen werden.

Günter Siebke

Seekajakziele

Traumküsten in Europa und Übersee

Pollner Verlag

VADIS BREMEN

Einleitung … oder Gedanken über ‚Seekajakfahren in absoluter Landschaft'

Der Begriff ‚absolute Landschaft' stammt meines Wissens von Herbert Rittlinger, dem ‚Dichter im Paddelboot'. Seine Reisebücher wie ‚Ganz allein zum Amazonas', ‚Das baldverlorene Paradies', Bücher vom Blauen Nil, aus den Karpathen oder aus Kurdistan führten mich zum Wasserwandern, lange bevor das erste Lehrlingsgehalt zum Kauf eines Faltbootes gespart wurde.

Rittlinger definiert die ‚absolute Landschaft' so: ‚…jene uns Zivilisierten schon so fern gewordenen Zonen, in denen sich die Elemente Fels, Wasser und Himmel rein begegnen, und sich nicht gegenseitig durchdringen und mildern.' Hiermit sind nicht nur Hochgebirge, Wüsten oder arktische Wildnis gemeint, auch das Wattenmeer der Nordsee oder Dalmatiens Karstküste zähle ich dazu.

Das Kajak gibt uns wie kaum ein anderes Sportgerät die Möglichkeit, in diese Natur einzudringen und sie sehr hautnah zu erleben. Der Wanderpaddler, der sein Boot in extreme Landschaften lenkt, ist nicht in erster Linie Sportler. Ihm liegt nichts an Rekorden, er besiegt keinen Gegner (schon gar nicht die Natur), und kein Zuschauer verfolgt sein Tun. Dennoch ist seine sportliche Leistung oft bedeutend, Können und Geschicklichkeit werden vorausgesetzt. Er wäre aber nicht ausgefüllt mit akrobatischer Bewältigung schwierigen Wildwassers oder dem Spiel in der Brandung. Es muss noch etwas hinzukommen: die Begeisterung für eine Landschaft, für die Natur, für ein groß gestecktes Reiseziel.

Die nachstehenden Fahrtenschilderungen sind alle in diesem Sinn zu verstehen. Sie sind in den verschiedensten Zeitläufen meiner Kajaklaufbahn entstanden.

Keiner kann die Vielfalt unserer Welt in wenigen Jahren kennenlernen. So liegen auch diese Reiseberichte teilweise zeitlich weit auseinander, in einigen Fällen so weit, dass sie zugleich geschichtliche Entwicklungen deutlich machen (die frühen Fahrten im kommunistischen Jugoslawien zum Beispiel). In der jeweils beigefügten ‚Kurzinformation', stelle ich nötigenfalls den Bezug zur heutigen Gegebenheit her.

Beschrieben werden nicht Fahrten mit Sensationsgehalt, sondern von einer/m geübten Kajakfahrer(in) nachvollziehbare Reisen, gute körperliche und geistige Vorbereitung vorausgesetzt. An erster Stelle steht aber immer großer Respekt vor den Kräften und Gewalten der Natur (dieser Respekt nimmt mit steigender Erfahrung zu!).

Leider werden ursprüngliche und unverdorbene Landschaften immer seltener. Heute gibt es kaum noch ein Stück Mittelmeerküste, das nicht von Umweltschäden oder Tourismus belastet ist, kaum noch einen großen unverbauten Wanderfluss in Europa.

Trotzdem: Die Welt ist auch weiter geworden durch moderne Verkehrsmittel. Wer einmal viele Stunden über nordische Tundra geflogen ist, ohne eine Spur menschlichen Wirkens entdecken zu können, wird mir zustimmen, wenn ich behaupte, dass noch unendlich viele Kajakreisen auf uns warten.

Natur ist Licht, Farbe, Form. Die Farbe des Korallenmeeres, die bizarren Formen von Eisbergen, die Silhouette einer Gebirgsküste begeistern unser Auge. Dabei sind diese glücklichen Augenblicke so vergänglich, gäbe es nicht die Fotografie. Sie holt uns oft längst verwehte Eindrücke wieder ins Gedächtnis oder gibt sie an Freunde weiter. So ist die Fotografie von Anfang an untrennbarer Bestandteil meiner Landschafts- und Paddelbegeisterung geworden. Ich hoffe, mit ihrer Hilfe auch hier etwas besser wiedergeben zu können, was die Faszination des Kajakreisens ausmacht.

Einer meiner Paddelfreunde sagte einmal:

‚Zwei Augenblicke gab es in meinem Leben, in denen ich von der Größe der Natur überwältigt war: Als mein Boot zum ersten Mal auf glasklarem Wasser über Korallenriffen schwebte und als zum ersten Mal die gewaltigen Eisberge Grönlands vor meinem Kajak auftauchten.' Solche Augenblicke sind es, weshalb das Kajakfahren nie seinen Reiz verlieren wird.

… die uns Zivilisierten schon so fern gewordenen Zonen, in denen sich die Elemente Fels, Wasser und Himmel begegnen.
(West-Grönland)

Inhalt

Auf dem Süderoogsand, Bollwerk gegen die Brandung der freien Nordsee vor den Halligen. Heute gehört dieser große Außensand zum Kerngebiet des Nationalparks nordfriesisches Wattenmeer. Er darf jetzt nicht mehr betreten werden.

Nord- und Mitteleuropa

Im Wattenmeer

Der Friede der Insel ist vollkommen. Es brütet die Eiderente auf ihrem daunigen Gelege, die Seeschwalben haben den schneeweißen Sandstreifen am Rande des Vorlandes besetzt, hunderte von Ringelgänsen weiden auf dem Vorlandrasen. Der Friede und die Einsamkeit der Landschaft wird durch unser Erscheinen gestört. Zwei schlanke Eskimokajaks kommen vom Watt her in den Priel hinein, der die große Insel von der Rückseite her erreicht. Im Nu ist das Paradies in Aufruhr. Die Ringelgänse streichen wie eine Wolke über den Himmel, Seeschwalben stehen kreischend in der Luft über uns und ein Schwarm Silbermöwen kreist mit klagenden Rufen. Der Aufruhr legt sich hinter uns so schnell wie er entstanden ist, und wir spüren wieder die paradiesische Ruhe um uns.

Wir haben einen wilden Kampf mit den Wellen der Nordsee hinter uns. Der Leuchtturm der Nachbarinsel, von der wir kommen, steht über dem Vorland, als gäbe es zwischen ihm und uns nicht das wildbewegte Seegat, in dem Grundseen und der gegen 5 Windstärken anlaufende heftige Strom uns zu schaffen machten. Gegen die Tücken der Nordsee sind wir gut gerüstet. Das seetüchtige kleine Kajak mit Fußsteuer, das auch in schweren Kreuzseen sicher auf Kurs gehalten werden kann, der Neoprenanzug, der das im Mai noch sehr kalte Nordseewasser im Falle einer Kenterung nicht zur Lebensbedrohung macht, selbstverständlich die absolut dicht schließende Spritzdecke und die Schwimmweste, die durch Zug aus einer Pressluftpatrone blitzschnell aufgeblasen werden kann, daneben aber auch der Kompass auf dem Boot und die Seekarte.

Solchermaßen bis an die Zähne bewaffnet, genießen wir nun die Ruhe des Priels, der weit in die Insel hineinschneidet und uns zu einer Düne führt, welche uns nahezu kreisrund Wind- und Sichtschutz bieten soll.

Intakte Landschaft

Zwar ist die Insel, so weit das Auge reicht, völlig menschenleer, und es wird auch kaum jemand etwas gegen die beiden winzigen Bergsteigerzelte einzuwenden haben, wenn er die beiden danebenliegenden Boote bemerkt, aber dennoch Zelten ist in unserer fortschrittlichen Welt nur auf Campingplätzen erlaubt. Aber von welchem Campingplatz aus sieht man noch eine intakte Landschaft? Wir jedenfalls sehen aus unseren Zelten heraus mit dem Fernglas der brütenden Eiderente ins Auge. Wenn wir die Düne hinter unseren Zelten ersteigen, sehen wir in der Ferne gar einen Löffler in einem Priel fischen. In weiter Ferne blinkt das inzwischen wieder trockenfallende Watt gleißend in der Sonne, eine unendliche, in der Hitze flimmernde Fläche, hinter der das Festland zu ahnen ist. Welch ein Leben! Die Sonne brennt heiß in unserem Dünenkessel, während draußen der Wind den Strandhafer flach niederdrückt. Die einzigen Anzeichen menschlichen Wirkens sind der Leuchtturm auf der Nachbarinsel und eine Bake in weiter Ferne, Wir wandern über die Insel. Im Vorland zwingen uns Prielarme immer wieder zu Umwegen. Ein aufgeregter Austernfischer fliegt Scheinangriffe, als wir an seinem Nest stehen. Ein Ei hat schon Risse, und im Innern hört man den schlupfbereiten Jungvogel schon piepen. Um den scheuen Löffler nicht zu vergrämen, machen wir einen weiten Umweg, erreichen die höchste Dünenkette und schauen jenseits auf ein Meer von Sand und kleinen Sicheldünen und dahinter die weiße Kette der Brandung. Über die Sandfläche jagt schon wieder der Sandsturm, der ab Windstärke sechs tonnenweise Sand verfrachtet und Dünen aufbaut.

Die gläserne Wasserwand

In der Ferne, vor den äußeren Sandbänken der Insel bricht sich die Brandung. Diese teilweise weit vorgeschobenen Sandbarren sind nicht nur für die Großschifffahrt, sondern auch für den Paddler ein ernstzunehmendes Hindernis. Eine Kenterung weitab vom rettenden Strand kann durchaus böse Folgen haben. Wir erinnern uns, im vorigen Jahr auf der Seeseite der Insel Langeoog die fast gleichzeitige Kenterung von drei erprobten Fahrern erlebt zu haben. In einem solchen Falle ist die Hilfe durch die übrigen Mitglieder der Gruppe kaum möglich. Beim Anblick der Brandung spüre ich noch das Gefühl, wie die gläserne Wasserwand mich durcheinanderwirbelte, mir das Paddel aus den Händen wand und das umgedrehte Boot zu einem schwerfälligen, kaum zu beeinflussenden Strandgut machte. Obwohl der Strand damals nahe war,

Eine amphibische Landschaft
vor unserer Haustür:
das Watt – zweimal am Tag wird
es überflutet.

entstand einen kleinen Augenblick lang die Frage, ob es mit dem vollgelaufenen Boot im Arm möglich sei, festen Grund zu erreichen.

Dieses Abenteuer hatte uns einen gehörigen Schreck vor den Gefahren der Nordsee eingeflößt. Wahrscheinlich braucht man diesen Respekt, um die vielen Seefahrten mit dem kleinen Kajak heil zu überstehen.

Wir bleiben noch zwei Tage in unserem herrlichen windgeschützten Dünenkessel, beobachten die Eiderenten mit dem Gefolge ihrer Küken, bewundern das stundenlange Segeln der Silbermöwen oder liegen einfach in der Sonne.

Ferne Horizonte

Je länger das paradiesische Inselleben dauert, um so mehr wird in uns wieder der Wunsch wach, die fernen Horizonte zu erkunden. Bei strahlendem Wetter gleiten wir aus der Stille unserer Dünenlandschaft wieder den Priel hinunter in das hochüberflutete Watt, das bei dem starken Ostwind aufgewühlt ist wie auf Gemälden alter holländischer Meister. Wir wenden die Bootsspitzen gen Westen und lassen uns von den brausenden Wellen antreiben. Häufig geht unser Paddeln, getrieben von schäumenden Wellenkronen, in ein rauschendes Gleiten über. Dieses Tun ist weniger gefährlich als es aussieht, denn im hohen Watt ist die Wellenhöhe auch bei Starkwind begrenzt. Zudem ist das grüne Vorland der langgestreckten Insel nie mehr als einen Kilometer entfernt. Da auch der ablaufende Tidenstrom unsere Fahrt begünstigt, erreichen wir die Westseite der großen Insel, 30 km von unserem Zeltplatz entfernt, bereits nach drei Stunden. Auf flacher Sandplatte bauen wir unsere kleinen Zelte auf, die sofort vom Wind gezerrt und aufgebläht werden.

Auf der Fahrt hierher sind wir im Rausch des Wellenreitens an dem Hauptort der Insel mit seinem mittelalterlichen mächtigen Leuchtturm vorbeigefahren. Jetzt machen wir uns auf, diesen Ort zu Fuß zu erreichen. Und bald darauf stehen wir in dem vom Tourismus zu dieser Jahreszeit noch verschonten netten kleinen Ort, der eine freundliche Behaglichkeit ausströmt.

Von der Höhe der Dünen schauen wir weiter nach Westen, wo bereits die nächste Insel in der Abendsonne blinkt. Wir aber müssen uns wieder dem Festland zuwenden, das in unendlicher Ferne als schmaler Strich am Horizont liegt.

Durchs hohe Watt

Der Morgen ist ausnahmsweise ruhig und windstill, das Watt liegt – jetzt bei Niedrigwasser – so still und beschaulich, dass man es kaum von dem sich darüber hinwölbenden Himmel abgrenzen kann. Wir fahren im Zickzackkurs auf schmalen Prielen durch die hohen Sandbänke, meist geleitet durch Priggen und kleine Fahrwassertonnen. Es ist eine einsame und eindrucksvolle Fahrt. Nur der Schrei der Seeschwalben unterbricht das lautlose Strömen der auflaufenden Flut. Wir erreichen den großen Wattstrom und fahren mit heftig auflaufendem Tidestrom an den übermannshohen Tonnen vorbei. Noch sehen wir aus unserer niedrigen Perspektive das Festland nicht. Aber bald kommen die ersten Zeichen hinter dem Horizont hervor: Kirchtürme, Baumspitzen, Gehöfte. Seehunde liegen auf hoher Sandkante, während wir ohne einen Paddelschlag geräuschlos an ihnen vorbeitreiben. Diese Wattfahrten sind bei ruhigem, sonnigen Wetter ein Erlebnis. Nach drei Stunden Fahrt erreichen wir schließlich das Festland. Wo wir ein grünes Vorland erwarten, ist nur Schlick und asphaltierte Deichfläche. Hier hat der Mensch die Natur verdrängt, und wir sind froh, dass wir schlicküberzogen überhaupt festen Boden erreichen.

So endet eine Seefahrt, die uns zehn Tage lang wie ein Traum erschien. Uns ist dabei klar, daß sehr viele Paddler einer solchen Fahrt nicht viel abgewinnen können und dass die Kajaks auf der Nordsee einer kleinen Schar Unentwegter gehören. Nicht leicht ist der feine Reiz dieser Landschaft zwischen Meer und Land zugänglich. Uns, die wir vom Watt und den Inseln immer wieder verzaubert werden, ist dies nur recht. Auch habe ich lange gezögert, den Ort der Handlung zu benennen, in der Vorstellung, dass der Kenner längst wisse, wovon die Rede war. Ich sage es trotzdem, wissend, dass nur wahre Enthusiasten unseren Spuren folgen werden: Die Geschichte spielt auf der zu Holland gehörenden westfriesischen Insel Terschelling.

Rast im Wattenmeer. Die Boote sind hochwassersicher in einer Bake aufgehängt.

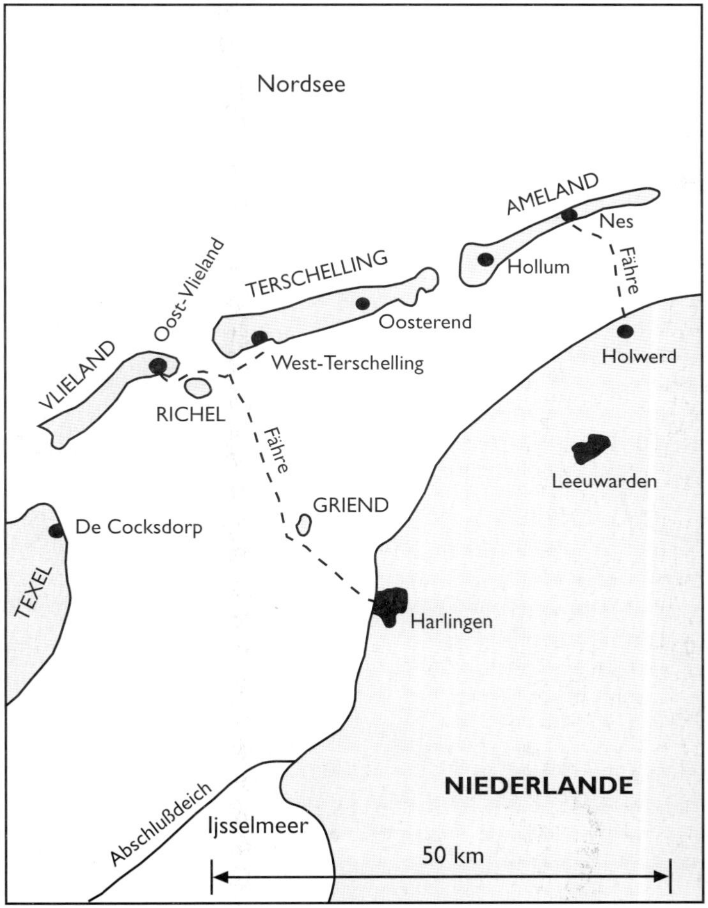

Bei Niedrigwasser entsteht ein weitverzweigtes Prielsystem mit oft starken Strömungen.

Kurzinformation

Allgemeines

Diese Reise fand 1980 statt. Seitdem hat sich um das Seekajakpaddeln herum sehr viel verändert. Der Ausrüstungs- und Sicherheitsstandard ist heute viel höher als damals: Kajaks mit wasserdichten Schotts, Lenzpumpen, Rettungskissen. Verschiedene Rettungsmethoden nach Kenterung auf See gehören heute zum Standard. Dieser erfreulichen Entwicklung steht die Radikalisierung des Naturschutzes gegenüber. Paddler, die schon seit Jahrzehnten Naturschutz praktizieren, gelten heute oft pauschal als Naturstörer. So sind heute mehrtägige Fahrten im ost- oder westfriesischem Watt infolge von Zeltverboten, Betretungs- und Befahrungsverboten sehr erschwert oder gar unmöglich.

Wattfahrten verlangen – mehr noch als Küstenfahrten an Ostsee oder Mittelmeer – den routinierten Paddler, eine spezielle Ausrüstung und seemännische Grundkenntnisse, vor allem aber Respekt vor den Naturgewalten.

Landschaft / Sehenswertes

Das holländische Wattenmeer ist viel großräumiger als das ostfriesische. Sehenswert ist natürlich zunächst einmal das Watt selbst mit seinen vielfältigen Erscheinungsformen, dann die westfriesischen Inseln mit den großartigen Dünen- und Strandlandschaften. Viele der Inselorte sind malerische Friesendörfer, auf Terschelling steht der älteste Leuchtturm der Niederlande, der ‚Brandaris'.

Klima, Tierwelt, Gefahren

Siehe Kurzinformation zum Kapitel Nordfriesland.

Karten

Im Wattenmeer ist die Seekarte (neben Kompass und Tidenkalender) unverzichtbar. Für die westfriesischen Inseln bieten sich die holländischen Sportbootkarten H 1812 und H 1811 oder die deutschen Seekarten D 65, D 86, D 90 und D 214 an.

Wenn das Wattenmeer trocken fällt, gibt es eine faszinierende Sandlandschaft frei.

Einsame Robinsonade in Westfriesland. Heute ist die Nordsee glatt wie ein Spiegel und die Sonne brennt wie am Mittelmeer.

Der brütende Austernfischer ist sehr scheu und nur aus dem Versteck des Vogelzeltes als Großaufnahme zu bekommen. Dabei muss der Fotograf seine Versuche sofort abbrechen, wenn der Vogel sein Nest meidet, die Brut könnte sonst zerstört werden.

Halliglandschaft (Hallig Langeness): Hier geht Land und Meer ineinander über. Zweimal am Tag fällt das Watt trocken. Die Salzwiesenflora ist an Überflutungen angepasst. Ein Landschaftsbild, das seit Jahrhunderten unverändert ist.

Tagebuch einer nordfriesischen Inselfahrt

Im Juli, Freitagabend

Auf dem Hamburger Hauptbahnhof: Es ist nicht ganz einfach, einen vollbepackten Faltbootwagen allein eine Treppe hinunter zu manövrieren, aber es geht, wenn nicht nach den ersten Stufen die Achse bricht. Der Zug steht schon am Bahnsteig. ‚Nach Keitum?'. Damit verschwindet das Boot im Gepäckwagen. Dann tobt der Zug durch endlose holsteinische Weidelandschaften. Am rot gefärbten Abendhimmel stehen Wolkenbänke wie gewaltige Festungen. Schon den ganzen Sommer ist das Wetter stürmisch und schaurig, Rückseitenwetter. Wie wird es an der Nordsee aussehen? Bisher war ich nur bei schönem Wetter im Watt gewesen. Wie macht sich die Nordsee bei Sturm? Bis zu wie vielen Windstärken spielt mein Einer-Faltboot noch mit, vor allem: Wie werde ich selbst damit fertig?

Fast ist es Mitternacht, da liegen die drei großen Leuchtfeuer der Insel Sylt–Hörnum, Kampen und List–, wie zum Greifen in der klaren Luft vor mir. Auf dem Hindenburgdamm fährt der Zug mitten durch das im Mondschein glänzende Meer.

Sonnabend

Bedenke ich, dass ich gestern noch im Büro hockte, so ist es doch recht eigenartig, jetzt am Rande des Wattenmeeres bei Keitum zwischen den Teilen meines Faltbootes, in einen Schlafsack gestopft, zu liegen. Schon nach vier Stunden Schlaf wecken mich die ersten über den klaren Horizont tastenden Sonnenstrahlen. Um fünf Uhr ist Hochwasser, dann muss ich abfahrbereit sein. Es bedarf der Gewöhnung, das Leben nun nicht mehr nach der Uhr, sondern nach den Gezeiten einzuteilen. Schließlich ist das Boot aufgebaut, das große Urlaubsgepäck verstaut. Der Wind bläst heute genau von Süden, von Land her. Daher ist die See ganz glatt. Ideales Wetter für die Überfahrt nach List, Wind im Rücken und ablaufendes Wasser. Während ich nun munter drauflos paddle, entfaltet sich der Südwind kräftig. Das Wellenreiten bringt viel Spaß und Wasser ins Boot.

Für den Binnenländer ist Sylt sicher der Inbegriff einer Nordseeinsel. Uns Paddlern geht es meist zu lebhaft dort zu, wir suchen eher die Stille der Natur. Deshalb erscheint mir die nördlich von Sylt gelegene Insel Römö als Tagesziel verlockender als das Gekrabbel in den Sylter Dünen. Um den nördlichsten Knick Sylts, dem Ellenbogen, schießt der Ebbstrom nach Westen herum. Aber jetzt legt sich Land schützend vor den Südwind. Ein Fischer, der Landratten auf seinem Kutter spazieren fährt, folgt meinem Kielwasser, biegt aber ab, als die beiden dänischen Grenzbaken auf dem Vorland von Römö in Linie kommen. Ich bin in Dänemark! Mir wäre allerdings wohler, wenn die mächtige Brandungsbarriere vor der Insel schon hinter mir läge und das Zelt stünde, denn jetzt zieht eine blauschwarze Wolkenwand schnell von Süden herauf. Ein sich zu den Grenzbaken hinziehender Priel bietet zwar keine Landungsbrücke, aber eine Brandungslücke.

Im rauschenden Regen entsteht das Zelt auf dem etwas feuchten, mit groben Muschelschalen gepflasterten Sand. Im Nu erscheint auch wieder die Sonne, es gibt eine seltene, unwirkliche Beleuchtung. Die Brandung türmt sich vor dem Zelt, der Himmel ist noch blau-schwarz. Diesen Stimmungen der Natur bin ich ganz allein ausgesetzt – oder ausgeliefert?

Was schon die Seekarte zeigt, sehe ich jetzt:
Wie unübersehbar groß der Havsand, welcher der eigentlichen Insel vorgelagert ist, sich von Horizont zu Horizont erstreckt. Weit entfernt schimmern die hohen Dünen der Insel. Der Havsand ist nicht sturmflutsicher, bei einigermaßen günstigem Wetter aber trocken.

Sonntag

Das Wetter ist trüb, der Wetterbericht spricht von Südwind Stärke 4 bis 5. Ich marschiere zum nächsten Ort. Fast zehn Kilometer sind es bis Lakolk, wo deutsche Urlauber die Szene beherrschen. Man kann hier mit dem Auto über den flachen Sand jagen, aber zum Glück nicht nach Süden, wo mein Zelt steht. Zurück geht es durch hübsche Dünen- und Heidelandschaft und endlose Sand- und Wattflächen. Ich komme rechtzeitig zurück um zu sehen, wie ein Sportflieger über meinem Zelt Kapriolen schlägt. Der Wind ist eingeschlafen, ich steche in See.

Leider fahre ich mit falscher Tide, das heißt gegenan. So lande ich etwas erschöpft an der Nordwestecke Sylts. Obwohl fast windstill, ist es nahezu unmöglich, trocken durch die Brandung an Land zu kommen. Hier im Norden der Insel ist noch etwas Raum am Strand, weiter im Süden sehe ich eine schwarze Menschenmasse.

Um die 40 Kilometer lange Westküste Sylts mit dem Kajak befahren zu können, darf möglichst kaum Wind herrschen, da die Brandung sonst unüberwindlich wird. Dieser seltene Glücksfall ist jetzt eingetreten. Ich nutze

Das Wattenmeer ist im Sommer Lebensraum der Seehunde, die bei Niedrigwasser in großer Zahl auf den Sandbänken liegen und hier auch ihre Jungen gebären. Seit 1962 dürfen die Tiere nicht mehr bejagt werden.

ihn gleich aus und paddle durch die leichte Dünung am Strand entlang südwärts. Jetzt habe ich auch die richtige Strömung erwischt. Ein starker Ebbstrom schiebt mich voran. In der Gegend von Rantum schlage ich mein Zelt am Spülsaum auf.

Montag

Bei strahlendem Sonnenschein zu Fuß nach Rantum zum Einkaufen. Die nordwestlichen Winde erwachen, ich muss mich beeilen, durch die stärker werdende Brandung vom Strand wegzukommen. Ein noch unerfahrener jüngerer Seehund beobachtet mich mit großen Augen (oder ist es umgekehrt?). So erreiche ich im Nu Sylts Südspitze und nehme Kurs auf die nur fünf Kilometer entfernte Nordspitze Amrums. Die Dünen sind dort unberührter und schöner als auf Sylt. Amrums Westküste besteht aus einem unendlich weiten, flachen Sand, dem Kniepsand, auf dem sich auch der gesamte Badebetrieb abspielt. Abends gehört der Strand mir allein. Mein winziges Zelt ist von weitem kaum zu erkennen.

Dienstag

Kurz vor Niedrigwasser verlasse ich morgens Amrum, um zwischen den Inseln Föhr und Amrum hindurch zu paddeln. Der Priel ist fast ohne Wasser, der Wattenweg zwischen den beiden Inseln ist von Wanderern bevölkert, er hält sich sorgfältig auf dem höchsten Wattrücken, während ich bemüht bin, die tiefste Rinne des Watts einzuhalten. Am Scheitelpunkt des Priels treffen sich Land- und Wasserwanderer, dann reißt mich der scharfe Ebbstrom an den Priggen entlang prielabwärts. Das Watt ist, vom niedrigen Boot aus gesehen, eine bergige Landschaft. Der Strom wird breit und breiter. Bald tauchen ein paar schnauzbärtige Köpfe neben meinem Boot auf: Seehunde. Um eine Biegung fahrend überrasche ich einen mächtigen Seehundsbullen, der hoch auf dem Sand liegt. Er bringt seinen schweren Körper in Wallung und plumpst vor meinem Boot ins Wasser. Jetzt ist ringsum nur noch Wasserwüste, aber mit der Seekarte finde ich mich zurecht. In der Ferne taucht jetzt die Hallig Langeness über die Kimm, bald wird mein Zelt auf kurzgeschorenem Halligrasen stehen. Vorher muss ich noch das Amrum-Tief mit stärkerem Seegang queren. Die Flut läuft inzwischen schon kräftig auf, aber noch ist das Watt vor der Hallig, der Schweinsrücken, trocken. Inzwischen wird das Wetter grob und der Seegang unangenehm.

Bei der Warft Hilligenlei mache ich eine Pause. Auf der fünf Meter hohen Warft stehen die Häuser der Halligbewohner hochwassersicher, denn die Halligen haben keine Deiche gegen Sturmfluten, allenfalls niedrige Sommerdeiche. Den riesigen Wattenstrom Süderau fahre ich jetzt mit der Flut gen Osten, geschoben vom Rückenwind Stärke 6. Das gibt ein nicht endendes Wellenreiten. So erreiche ich schon nach einer Stunde die nächste Hallig: Gröde.

Diese Hallig ist wie aus dem Bilderbuch geschnitten: Grünes Land mit weidenden Schafen, einige Friesenhäuser auf der Warft und ringsherum das schäumende Meer. Mein Zelt steht im Regen auf der Rückseite der Hallig zwischen Halligflieder und Möwenschrei.

Mittwoch

Graues Wetter, Regen, Westwind Stärke 5 bis 6. Ich werde wohl erst gegen Abend weiterfahren. Aber mittags wird es mir langweilig, so dass ich doch einpacke und das Boot in den Priel schiebe. Ich halte mich möglichst an der Wattkante, um Sturm und Seegang zu meiden. Die Hamburger Hallig und die Hallig Nordstrandischmoor lasse ich links liegen und steuere auf die große Insel Pellworm zu. In dem kleinen Inselhafen liegen einige Kümos, die auf besseres Wetter warten.

Mein nächstes Ziel soll der Süderoogsand sein. Bei dem rauhen Wetter hätte ich allerdings besser im Hafen bleiben sollen. So muss ich den Norderhever-Strom in Richtung Südwesten fast genau gegen den Sturm als Fahrwasser benutzen. Trotz des starken mitlaufenden Ebbstroms schaffe ich heute nur noch wenige Kilometer. Beim Leuchtturm Pellworms krieche ich nass und erschöpft ins Zelt. Nach diesem ersten Starkwindtag stelle ich fest, dass Windstärke 5, auch von der Seite, noch zu schaffen ist, bei Stärke 6 ist es aber beruhigend, eine Wattkante in der Nähe zu haben. Aber der Wind soll morgen noch zunehmen. Warten wir ab, wie die Sache sich entwickelt.

Donnerstag

Zum Glück heult der Sturm jetzt mehr aus Nordwest als aus West, allerdings mit strammen sechs Windstärken. So bietet mir die an Steuerbord liegende Wattkante etwas Schutz. Die kleine Hallig Süderoog bleibt rechts im Watt liegen. Ich komme jetzt zu einem der interessantesten Sände der nordfriesischen Küste: dem Süderoogsand. Unterwegs sehe ich mehrmals größere Ansammlungen von Seehunden auf den Sandbänken. Ich halte genügend Abstand, die Tiere bleiben ruhig liegen.

Die große hölzerne Bake auf dem Süderoogsand macht einen urtümlichen Eindruck. Der Sand ist platt wie ein Pfannkuchen, feiner weißer Sand, 20 Quadratkilometer groß. An der Seeseite herrscht eine gewaltige Brandung. Hier ist der Strand mit Strandgut übersät. Ich finde eine der selten gewordenen gläsernen Fischerkugeln (heute werden meist Kunststoffkugeln als Netzschwimmer benutzt) und eine abgetriebene Fahrwassertonne. Vorsichtshalber karre ich das Boot mit dem Bootswagen in die Nähe der Bake, um bei Sturmflut eine sichere Zuflucht zu haben. Die Bake besitzt eine Hütte für Schiffsbrüchige, die natürlich nur in Notfällen benutzt werden darf. Auf der Spitze der Bake befindet sich ein Leuchtfeuer für die Schifffahrt, das automatisch arbeitet. Von oben habe ich einen weiten Rundblick über den riesigen Sand. Der Sturm zeichnet streifenartige Muster von Flugsand über die Fläche. Ganz weit im Norden ist noch die weiße Küste von Amrum zu sehen.

Freitag und Sonnabend

Der Wind hat zugenommen: Stärke 6 bis 7. Bei sieben hört das Faltbootfahren langsam auf. Ich will meine Inselfahrt durch Nordfriesland in St. Peter-Ording beenden. Aber zunächst muss ich besseres Wetter abwarten. Wenn ich aus dem Zelt schaue, sehe ich in der Ferne die Brandungswellen hoch aufgetürmt. Manchmal erscheinen sie mir viel höher als mein Zelt. Der Sturm heult um das kleine Zelt und häuft in seinem Windschatten eine kleine Düne auf. Blauschwarze Wolkenbänke wechseln mit hellblauem Himmel, immer noch ziehen lange Sandfahnen über den Boden dahin.
Einen ganzen Tag lang ist nicht das geringste Anzeichen für das Vorhandensein von Menschen in dieser Einsamkeit zu spüren. Kein Krabbenfischer fährt bei diesem Wetter hinaus, kein Schiff erscheint am Horizont. Es ist eine große, ursprüngliche Welt. In ihr sind die Seevögel und die Seehunde die einzigen sichtbaren Lebewesen.

Sonntag

Morgens um sechs ist Hochwasser. Wenn ich nicht wieder kilometerweit karren will, muss ich früh aufbrechen. Der Sturm heult unverändert. Die Überfahrt nach St. Peter beträgt 15 Kilometer. Ich habe den Wind fast von hinten. Es ist ein Wellenreiten mit mächtigen Wogen. Bei solchem Wetter wird das Wellenreiten leicht zum Roulettespiel, da man – einmal in den Sog einer mitlaufenden Welle geraten – nur schwer die schnelle Fahrt bremsen kann. Eine Kenterung bei diesem Seegang auf offener Überfahrt wäre sehr bedrohlich. So fällt das Surfen in diesen Wogen doch sehr viel zaghafter aus als sonst in der Nähe des rettenden Ufers. Besser wäre es ohnehin gewesen, vor einer solchen Überfahrt auf ruhigeres Wetter zu warten.

Der Strand von St. Peter-Ording ist, wie ich schon von weitem sehe, von einem breiten Brandungsgürtel umgeben. Zu so früher Stunde ist er noch völlig menschenleer. Um ein Querschlagen in der Brandung und damit die Gefahr des Kenterns zu vermeiden, wäre jetzt ein Treibanker sehr von Nutzen, aber ich habe keinen. Auch scheint mir am Ende meiner Reise, eine Kenterung am Strand nicht mehr besonders abschreckend. So komme ich mit hoch in die Luft ragendem Heck und mit bis zur Spritzdecke in die Wellen gebohrtem Bug in ziemlichem Tempo auf den Strand gejagt. Steif und nass steige ich aus dem Boot und schaue noch einmal zurück zu der winzig am Horizont sichtbaren Bake des Süderoogsandes.

Abends sitze ich wieder im Zug in Richtung Hamburg. Es liegen die gleichen mächtigen Wolkenberge über der Marsch wie bei der Hinfahrt: unbeständiger norddeutscher Sommer.

Morgen werde ich wieder im Büro sitzen, das Auf und Ab der Wellenbewegung noch im Kopf und in den Beinen. Wenn ich dann von meiner Fahrt durch die nordfriesischen Inseln erzähle, wird kaum einer verstehen, welchen Reichtum an Erleben eine solche Fahrt bedeuten kann.

Kurzinformation

Allgemeines

Die beschriebene Reise fand 1961 statt, könnte aber heute, eine Generation danach, ähnlich verlaufen sein. Inzwischen habe ich die nordfriesische Inselwelt und das Halligmeer unzählige Male befahren und dabei nichts von der Begeisterung für diese Landschaft eingebüßt.Die geschilderte Reiseroute ist in keiner Weise zwingend, zumal die Außen-Umfahrung Sylts wetterbedingt nur selten machbar ist. Das Gebiet läßt sich kreuz und quer in vielen Varianten im Kajak bereisen.

Landschaft

Das nordfriesische Wattenmeer, heute größtenteils Nationalpark, ist eine der letzten in Mitteleuropa verbliebenen Urlandschaften, doch erschließt sich ihr Reiz nicht bei flüchtiger Begegnung. Inseln und Halligen sind flach, so dass schon eine Dünenlandschaft wie Gebirge erscheint. Im Watt gar entscheiden wenige Dezimeter über das Landschaftsbild. Durch zweimalige tägliche Überflutung entzieht sich das Watt und teilweise auch die Halligen und Inseln dem menschlichen Eingriff. Das Nordseewasser ist in dieser Region überwiegend noch sehr sauber und unbelastet.

Sehenswert

In erster Linie die Landschaft mit ihren immer wechselnden Stimmungen, daneben die Tierwelt, insbesondere die Seevögel, alte Bauern- und Seefahrerkultur auf den Inseln und Halligen. Alte Kirchen und Grabsteine (Nieblum/Föhr, Nebel/Amrum, Kirkeby/Römö, winzige stilvolle Halligkirchen (Hooge, Gröde, Oland, Langeness), Leuchttürme (Sylt, Amrum, Pellworm, Eiderstedt), die großen Dünenlandschaften von Sylt, Römö und Amrum.

Auf den Halligen (hier Hooge) finden wir trotz der Gefährdung durch Sturmfluten stilvolle, gemütliche Friesenhäuser und winzige Gärten auf den Warften.

Hallig Gröde. Auf dieser nur von einem niedrigen Sommerdeich geschützten Hallig beherrscht das Meer mit seinen Gezeiten alles Leben. Die blühende Sommerwiese darf nicht darüber hinwegtäuschen, dass das Leben im Winter hier sehr rau ist.

Klima

Meist raues Seeklima. Lt. Seehandbuch gibt es z.B. auf Helgoland jährlich nur zwei Sommertage (Temperatur über 25°). Trotzdem gibt es im Sommer traumhaft schöne Tage.

Die Paddelsaison geht von Mitte Mai bis Mitte September. Stürme können aber zu jeder Jahreszeit aufkommen, deshalb Wetterbericht, möglichst Seewetterbericht, abhören.

Verkehrsmittel

Mit der Bahn gut erreichbar sind Husum und Keitum/Sylt. alles andere spielt sich auf der Straße ab. Beliebte Ausgangspunkte für Paddler sind Schlüttsiel und Nordstrand, weil man hierher auch mit dem Schiff zurückkehren kann (bei Schlechtwettereinbruch ein wichtiger Sicherheitsaspekt). Autofähren: Von Schlüttsiel nach Langeness/Hooge/Amrum, von Dagebüll nach Föhr/Amrum, von Havneby nach List, von Nordstrand nach Pellworm. Autos sturmflutsicher parken, hinterm Deich!

Nationalpark / Zelten

Das gesamte deutsche Wattenmeer, von Dänemark bis Holland gehört jetzt zu deutschen Nationalparks. Ausgenommen sind die nordfriesischen Inseln und die meisten Halligen. Die Schutzzone (Kernzone), zu der auch die eindrucksvollen Außensände gehören, darf nicht betreten werden. Bei genügend Wasser, d.h. drei Stunden vor und drei Stunden nach Hochwasser, dürfen wir diese Gebiete aber befahren, sofern es sich nicht um ausgewiesene Robbenschutzgebiete handelt. Die Schutzzonen und Sperrgebiete sind aus der Seekarte ersichtlich. Trotz dieser Einschränkungen gibt es genügend Möglichkeiten zum Paddeln, zum Wattwandern und auch zum Zelten. Auf den Halligen wollen die Bauern um Zelterlaubnis gebeten werden, auf den Inseln ist das Zelten nicht erlaubt, wird aber für eine Nacht meist geduldet.

Tierwelt

Einmalig ist die Vielfalt der Seevögel, besonders zur Brut- und Jungvogelzeit. Im Spätsommer sammeln sich zum Vogelzug Millionen von Vögeln im Watt. Ein Erlebnis für den Paddler sind auch die Seehunde (Seehundbänke nur in großem Abstand passieren, um keine Massenflucht auszulösen!).

Gefahren

Die Nordseeküste gehört zu den anspruchsvollsten Paddelrevieren. Sichere Bootsbeherrschung ist Voraussetzung. Gute theoretische Vorbereitung ist wichtig (Wetterkunde, Navigation), andernfalls kundige Begleitung suchen. Komplette Seekajakausrüstung ist erforderlich. Immer einen Rückzugsplan für den Fall der Wetterverschlechterung bereit haben. Besondere Vorsicht beim Wattlaufen: der Flutstrom kommt oft aus unerwarteter Richtung und schneidet den Rückweg ab. Bei aufkommendem Nebel rettet nur ein Kompass.

Karten / Literatur

Nötig sind die deutschen Seekarten (von Süd nach Nord) Nr.106,107,108. Genau so unentbehrlich ist der jährlich neu erscheinende Tidenkalender für die Deutsche Bucht.

Nützlich: Seehandbuch für die Deutsche Bucht, östlicher Teil, sowie ein Bestimmungsbuch für die Küstenbiologie. Vergriffen, aber in vielen Leihbüchereien noch vorzufinden: Dr. Werner Wrage: Erlebtes Watt (Hermes-Verlag, Hamburg, 1959) und Herbert Rittlinger: Amphibische Reise (Brockhaus, Wiesbaden, 1959), zwei Paddelbücher, die hervorragend in die Landschaft einführen.

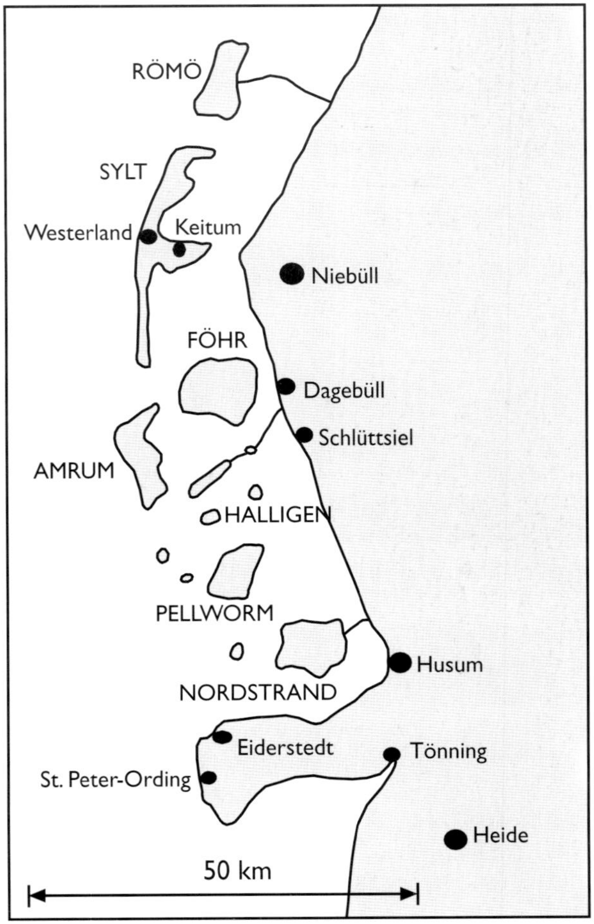

Mit dem Kajak am Lofot

In Norwegen sorgt das schnell wechselnde Wettergeschehen für heitere und düstere Stimmungen.

Über Norwegen gibt es – bei Paddlern ebenso wie bei anderen Reisenden – viele Vorurteile. ‚Nur die Fjorde Westnorwegens sind lohnend', ‚Regenwetter ist die einzige Witterung, die wirklich von Dauer ist' und ‚eine Woche Autofahrt hin und eine Woche zurück muß man schon veranschlagen'. Nun, Vorurteile sind oft nicht aus den Fingern gesogen, aber für uns eben ein Anreiz, sie zu widerlegen. ‚Wir', das sind Hermann, ‚der Nasse' (sein Boot ist häufig bis zum Gesäß voll Wasser), Hermann ‚der Trockene' (staubtrockenes Boot auch nach wildestem Seetörn), Peter, ein ebenso junger wie sieggewohnter Regattafahrer, und der Schreiber, den es stets nach neuen Landschaften gelüstet.

Wir meinen also, nicht tagelang in steilen Fjorden an der Wand entlang zu paddeln, das nächste und übernächste Tagesziel schon vor Augen, sei die

Überall in Nordnorwegen finden wir Papageientaucher. Sie sind schlechte Flieger, ihr eigentliches Element ist das Meer. Ihre Nester bauen sie unterirdisch zwischen großen Felsblöcken.

Rechts: Am Öksfjorden finden wir romantische Lagerplätze fernab von Straßen und Zivilisation.

Unten: Zeltlager am Öyhelle-Sund. Hinter den Zelten die 1000 Meter hohen Gipfel der Insel Hadsel am Rande der Lofotenkette.

reizvollste Art, mit dem Boot in Norwegen zu wandern, sondern zwischen den großen Inseln des Nordens, durch die Sunde und Fjorde der Inselketten des Lofot zu fahren.

Auch haben wir die Vorstellung, dass dort im Norden, jenseits des Polarkreises, der berüchtigte Dauerregen nicht mehr anzutreffen sei. Das Seehandbuch sagt, dass sich am Lofot mehrere Zugstraßen der Tiefs vereinigen oder kreuzen, eine hohe Verkehrsdichte der Zyklone ist also zu erwarten, aber auch ein sehr schnell wechselndes Wettergeschehen. Um schließlich das dritte Vorurteil zu entkräften, beschlossen wir, zu zweit die ganze Fahrt innerhalb von 14 Tagen durchzuführen. Der ‚nasse Hermann' und Peter hatten allerdings eine Woche länger Urlaub, so dass wir auf unseren Karten mit markanten Kreuzen einen Treffpunkt vereinbarten.

Im Reiseführer werden dem Autotouristen für die Fahrt von Oslo nach Narvik sechs Tage angeraten. Wir halten nicht viel von Autotourismus, sondern wollen so schnell wie möglich zu unserem Ziel gelangen. Die Schiffsüberfahrt von Frederikshavn nach Oslo wird dabei eine angenehme Unterbrechung sein, ehe wir in heller nordischer Nacht durch Norwegens östliche Waldtäler fahren. Hinter Trondheim erscheint die Sonne, und es geht über Mosjöen, Mo i Rana hinauf in das weite Fjell am Polarkreis. Hier treffen wir (Mitte Juni) noch hochwinterliche Verhältnisse an. Weiter geht es über Fauske zur ersten Fähre, welche die Straße unterbricht. Bei Bognes zweigen wir von der Hauptroute ab und nehmen das Fährschiff nach Lödingen. Noch ein paar Kilometer Straße, dann stehen Auto, zwei Eskimokajaks und zwei kleine Zelte am Kanstadfjord. Ein frostiger, stahlblauer Himmel zieht sich über die zackigen Felsgipfel hin, wir kriechen voll Wonne in die Daunenschlafsäcke.

Am nächsten Morgen ist das Klima verändert: Der Himmel zeigt ein südländisches Blau, die Luft ist seidenweich, und wir paddeln mit freier Brust den Fjord hinaus. Das ist ein Insel- und Schärengewirr! Überall saftige Wiesen, kleine Holzhäuser der Fischer, braune Stockfischgestelle und darüber der nordische Urwald aus Birken und Erlen bis hinauf zu den himmelwärts ragenden steilen Berggipfeln. Dazwischen ziehen weite Schneefelder, vom Schmelzwasser zerfurcht, bis weit hinunter. Eine richtige nordische Bilderbuchlandschaft! Schon gegen Mittag lockt uns eine Schärengruppe mit weithin leuchtendem Sand zum Zelten an. Der Sand besteht aus vielen winzigen Muschelsplittern. Ein feiner Zeltrasen, der summende Petroleumkocher, Blumen um uns herum, über uns das Kreischen von Möwen und Austernfischern, dazu vor uns ausgebreitet die ganze Mauer der Lofotenkette, schneeüberzogen, und doch von wucherndem Grün bedeckt, was gibt es für einen Kajakfahrer beglückenderes?

Unsere Fahrtenplanung sieht vor, dass wir am Eingang des Öksfjorden unsere beiden Kameraden treffen, in den Öksfjord hineinfahren, eine Bergtour unternehmen, mit einem Landtransport den Raftsund gewinnen und nach dem einen oder anderen Abstecher zu unserem Auto zurückkehren. In diesen 14 Tagen wollen wir das Auto ganz vergessen und unabhängig sein von irgendwelchen Proviantproblemen. Daher haben wir Verpflegung für 14 Tage an Bord genommen und zum Teil mühevoll in die äußersten Spitzen der Eskimokajaks gestaut. Außerdem sind Dorsch und Köhler als Nahrungsmittel fest von uns eingeplant, jeder von uns hat eine sorgfältig zusammengestellte Angelausrüstung im Boot. Unsere übrige Ausrüstung unterscheidet sich nicht allzusehr von der einer Wochenendtour. Jeder hat sein eigenes kleines Bergsteigerzelt, um größere Regenperioden geruhsam überstehen zu können. Aus dem gleichen Grunde (und wegen der hellen Nächte) hat jeder eine kleine Bibliothek an Bord, ferner Ölzeug, Gummistiefel, Schwimmweste. Für besseres Wetter und zur Befriedigung des Spieltriebes schließlich haben wir eine kleine Kiste mit Kameras, Objektiven, Filmen und diversem Zubehör, selbstverständlich wasserdicht verschlossen, unter Deck. So sind wir völlig frei und können uns, ohne die Bequemlichkeiten des Paddlerlebens zu vermissen, unserem Freiluftleben hingeben.

Der vereinbarte Treffpunkt liegt auf dem vorspringenden Kap einer großen Schäre, sodass wir die Zelte unserer Freunde schon von weitem sehen können. Ein kleines Feuer brät riesige Dorsche, und so beginnt unser Zusammentreffen gleich mit einem ‚Dorschfestival'. Anderntags paddeln wir – immer noch bei sommerlich schönem Wetter – in den Öksfjord hinein bis zu einer Seitenbucht, die uns erlaubt, unmittelbar unter schneebedeckten Alpengipfeln unsere Zelte aufzuschlagen. Die inneren Buchten der Fjorde haben indes den Nachteil, nicht so viele Dorsche zu beherbergen, wie die außen gelegenen Schärenfahrwasser und die durchströmten Sunde. Unser Angelgeschirr besteht aus einer simplen Rute mit einer Rolle, die das Auswerfen des Pilkers (ein blinkender Metallfisch von 50 bis 100 Gramm Gewicht) erlaubt.

Das Angeln ist die Domäne des ‚nassen Hermanns', der geradezu glückselig lächelt, wenn wir ihn für uns alle angeln lassen. Trotzdem führt dies Verfahren meist dazu, dass viel zu viel Fisch gefangen wird und unsere Mahlzeiten aus Dorsch und Köhler oft zu umfangreich ausfallen.

Von dieser Bucht aus erklettern wir durch wildwuchernden Urwald einen der zahllosen Gipfel. Wir bedauern, keine Kurzski oder Firngleiter dabeizuhaben, denn lange Schneefelder und -rinnen hätten einen hochalpinen Skilauf ermöglicht. Vom Gipfel aus schauen wir den segelnden Seeadlern zu, blicken tief unter uns in einen vom Gegenlicht gleißenden Binnensee und sind rings umgeben von einem Meer von schroffen Gipfeln. Beim Abstieg staunen wir wieder über das wuchernde Pflanzenleben. Der ganze Berghang quatscht vor Nässe (weshalb solche Bergtouren eigentlich nur mit Gummi-

Von den Gletschern der letzten Eiszeit ist die Landschaft geformt. So entstanden wunderbar glattpolierte Granitfelsen und in Gletschermühlen rundgeschliffene Steine.

Links
Kontrast von schneebedecktem Fjell und südländisch anmutenden Küsten.

Unten
Auf der den Lofoten gegenüberliegenden Insel Hamaröy finden wir traumhaft schöne Landschaften; von hier geht eine Fähre nach Svolvaer.

Rechts
Im Wechsel von eindrucksvollen Berggestalten und einer flachen Schärenlandschaft liegt der Reiz einer norwegischen Küstenfahrt.

Unten
Südlich des Kanstadfjords entdecken wir eine Inselwelt, die von Stränden aus blendend weißem Muschelsand umgeben ist.

stiefeln zu machen sind), ganze Wälder von Farnkraut umgeben uns, und riesige Flächen blühender Multebeeren, Blaubeeren, Preiselbeeren und anderer zu späterer Jahreszeit nahrhafter Pflanzen breiten sich aus.

Beim Studium der Karten hatten wir zuhause eine im Lofotengebiet einmalige Stelle entdeckt: Vom Öksfjord zum Ingelsfjord führt zwischen hohen Alpengipfeln ein niedriger Sattel hinüber, der nur zwei Kilometer Übertragen erfordert, zudem noch erleichtert durch zwei kleine Binnenseen. Wir wissen wohl, dass das Übertragen durch unwegsames Gelände ein ziemlicher Kraftakt sein wird, zumal unsere Boote durch Proviant und Ausrüstung mehr als zentnerschwer sind. Trotzdem erscheint uns die Portage zu verlockend, als dass die Strapazen uns abgeschreckt hätten. An dem Abfluss des ersten Binnensees angekommen, stellen wir fest, dass uns ein wild verblockter Strom entgegenfließt. Keine Möglichkeit des Treidelns. Also die Boote auf die Schultern und 300 Meter Weg bergauf zum See, teilweise knietief im Sumpf. Am Ende dieses Sees zeigt es sich, dass die Boote nur durch Tragen, Schleifen und gelegentliches Treideln weiterzubekommen sind. Und das in einer Landschaft, die man am besten als Urwald in einem Hochmoor bezeichnen kann. Für solches Gelände ist ein Neoprenanzug ideal, da es immer wieder durch Wasser und Sumpf geht. Zum Schluss finden wir wieder einen rauschenden Wildbach, in dem wir zuweilen bis zum Halse im Wasser stehend, die Boote abseilen, froh, sie nicht mehr schleppen zu müssen. Doch dann stehen die Zelte am Fjord, wir haben durch die Portage drei Tagesreisen Umweg gespart, und das Abendessen schmeckt so gut wie kaum zuvor.

Nach den spärlichen Angaben der Reiseführer sollten Raftsund und Trollfjorden absolute Höhepunkte einer Lofotenreise sein. Dies ist verständlich, da durch diese engen Durchfahrten der Dampfertourist nach langen Seefahrten sehr nahe an die Bergriesen herankommt. Zum Trollfjord macht der Liniendampfer der Hurtigruten eigens einen Abstecher, um den Fahrgästen das Musterbeispiel eines schlauchartigen, finsteren Fjords vorzuführen. Auch wie sehen während unseres üblichen nächtlichen ‚Dorschfestivals‘ ein großes hellerleuchtetes Kreuzfahrtschiff an unserem Zeltplatz in der Wildnis vorbeirauschen. Freilich gefiel uns manch andere Fjordstrecke weit besser als die Durchfahrt durch den Raftsund, die durch Straßenbau und Besiedlung doch etwas eingebüßt hat. Auch die so großartige Einfahrt zum Trollfjord wird schnell durch den Anblick einer Barackenstadt am Fjordende gestört. So zelten wir in dem einsamen und landschaftlich einmalig schönen Grundfjord, ganz in der Nähe.

Zuvor allerdings hatten wir einen wilden Ritt durch den Raftsund zu bestehen. Während der Sund langsam enger wird, kämpfen wir uns am Ufer mühsam voran, bis wir plötzlich bemerken, wie der ‚nasse Hermann‘ in der Mitte des Stromes mit dreifacher Geschwindigkeit an uns vorüberzieht. Wir sind im Neerstrom, während das Fahrwasser wie ein Wildstrom mit meterhohen Wellen dahinstürmt. Im Nu stecken wir alle in der Hauptströmung und fühlen uns wie im Hamburger Hafen bei Schichtwechsel. Jetzt, am Zeltplatz, ist auch der ‚trockene Hermann‘ klatschnaß. Eine waagerechte Wolkenwand läßt uns im ungewissen, wie hoch die düsteren Berge ragen. Auch der Regen peitscht waagerecht und die rohen Felsen glänzen wasserüberzogen. So hatten wir uns Norwegen vorgestellt! Aber unsere vier Bergzelte sind recht gemütlich bei fauchendem Kocher und warmem Daunenschlafsack. Wen stört es da schon, daß der Milchreis penetrant nach Petroleum schmeckt und der Kaffee versehentlich im Dorschtopf gekocht wird? (Noch wissen wir nicht, daß diese Zusammenstellung Gesprächsthema vieler späterer Lagerfeuer sein wird).

Mit 14 Tagen Regen wird es nichts, nicht einmal 14 Stunden dauert alles, dann blitzt die Sonne wieder durch den tropfenden Birkenwald.

Eigentlich ist die nun folgende Nacht heller als der vergangene Regentag, doch schläft es sich auch bei mitternächtlichem Licht gut, wenn der Tag nur recht anstrengend war.

Weiter geht die Fahrt durch den Raftsund, um die Insel Arstein herum, hinter der sich das Schärenmeer des Vestfjordes öffnet. Das Wetter ist wieder strahlend, Vergleiche zu südlichen Seefahrten werden wach. Zwischen den zahllosen Schären ist das Wasser durchsichtig wie in einem Schwimmbad. Wen verwundert es da, dass wir vor lauter Begeisterung noch einmal von hohem Granitfels in die Fluten springen? Zwar ist das Wasser eiskalt, aber auf den Klippen brennt die Sonne, und meterdicke Moospolster übertreffen jeden Strandkorb an Gemütlichkeit. Jetzt sehen wir von der hohen Warte Dorsche ziehen, und schon sirren die Angelrollen. Dies ist unser letzter gemeinsamer Zeltplatz, da Peter und der ‚nasse Hermann‘ ihr Auto am Festland stehen ließen und von hier aus den Vestfjord überqueren wollen. Ein letztes Mal genießen wir gemeinsam das ‚Dorschfestival‘ und können uns kaum sattsehen an den vielfältigen Formen der Bergwelt um uns her. Auf der einen Seite die wildgezackte Lofotenkette, gegenüber am Festland abenteuerliche Felsgestalten. Es ist das einfache Leben in der Schönheit der nordischen Wildnis, die Abende am Lagerfeuer, die immer neuen Horizonte, was uns unvergeßlich bleiben wird.

Auch der nächste Tag bringt uns ruhige See, so daß unsere beiden Freunde nach Südosten zum offenen Fjord abbiegen, während wir wieder auf den Kanstadfjord zuhalten. Noch einmal machen wir auf einer Schäre halt, angelockt durch blendend weißen Muschelsand, um Pfannkuchen zu backen. Doch bald fällt uns ein heftiger Nordwind ins Gesicht, wir steigen eilends in die Boote, um die im Norden liegenden Berge bei Erikstad zu erreichen. Es wird eine sehr ruppige Seefahrt. Jede Woge verlangt sorgfältiges Anpassen des Gleichgewichts, die Paddel müssen härter als gewohnt durchziehen. Bald fangen die Seen an zu brechen und zu gischten. Wir fühlen uns an mache wilde Nordseefahrt erinnert, und arbeiten uns an die Küste heran, die uns schließlich Windschutz gibt.

Zum Ausklang der Reise haben wir noch etwas besonderes vor: den Erikstadfjord. Seine Einfahrt besteht jetzt bei Ebbe aus einer Bachmündung, aus der uns ein kräftiger Strom entgegenbraust. Höher und höher arbeiten wir uns gegen diesen Strom hinauf, bis sich ein Alpensee vor uns weitet. Schweigend paddeln wir in den gewundenen, von hohen Gipfeln flankierten Fjord hinein. Ziel ist ein Wasserfall, der wie ein verästelter Blitz vor einer dunklen Felswand steht.

Am Fuße eines rauschenden Baches stehen unsere Zelte, die nun bald wieder ihre Wettertüchtigkeit erproben müssen. Eine Regenwand schließt auch nach oben die Geborgenheit des Fjordes ab. Eine in sich geschlossene Welt, einsam und schön wie am Schöpfungstag.

Zwei Tage danach hat sich der Kreis geschlossen: Nach nordischer Wildnis nun der tosende Verkehr der Großstadt Oslo. Und noch einen Tag später erscheint alles wie ein Traum. Am Schreibtisch im klimatisierten Büro ist das einfache Leben vorbei, aber unvergessen.

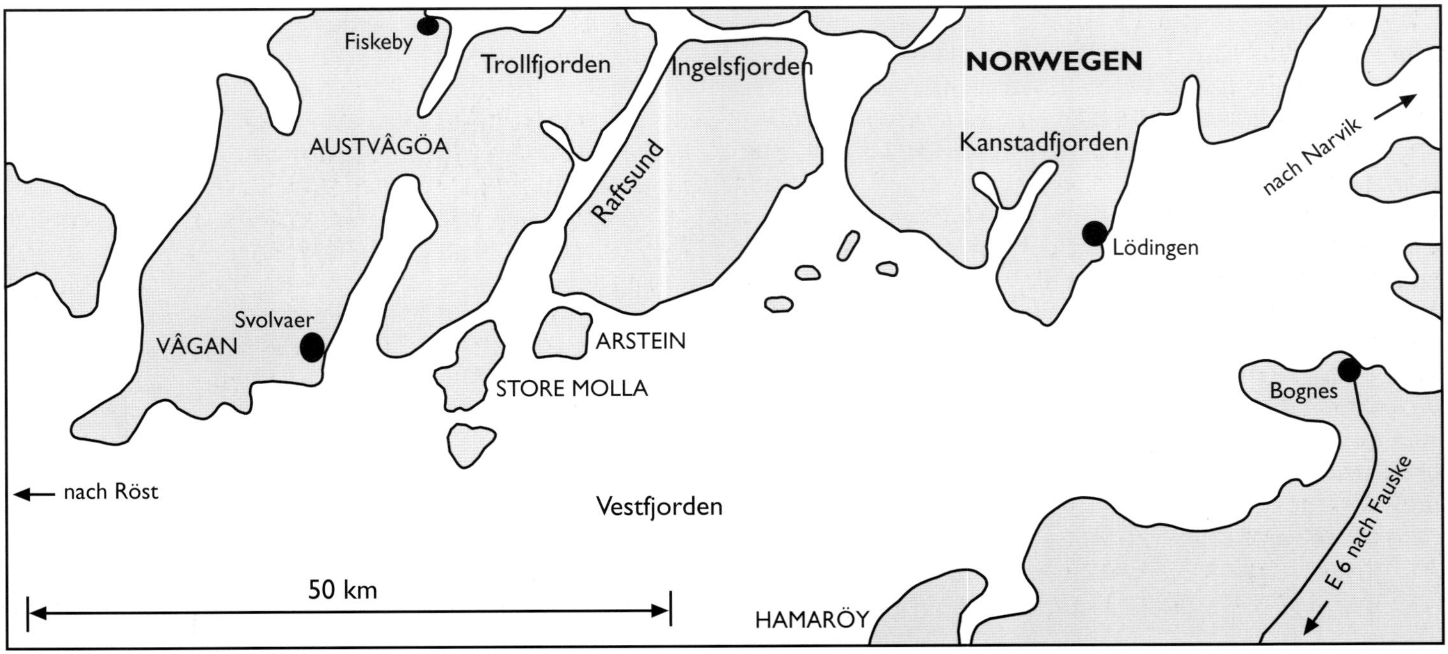

Kurzinformation

Allgemeines
Die nordnorwegische Küste ist für den erfahrenen Seekajakfahrer ein wahres Paradies. Inseln, Schären, Sunde und Fjorde eröffnen ihm zahlreiche Routen mit den verschiedensten Landschaftsbildern.

Landschaft
Küste und Inseln sind stark gebirgig, oft alpine Bergwelt mitten im Meer, bis in den späten Sommer von Schneefeldern und Schneerinnen durchzogen. Im starken Kontrast dazu stehen die sattgrünen Urwälder aus Birken, Erlen und Weiden. Leuchtende Blumenwiesen wechseln mit düsteren Felsszenerien. Eine aktuelle Straßenkarte gibt uns Aufschluss, wo die Ursprünglichkeit gestört ist: Wo die Straßen die Küste erschließen.

Sehenswert
Das eigentlich Sehenswerte ist die Landschaft. Daneben die kleinen Fischerorte auf den Lofoten mit ihrer Holzhaus-Architektur. Seevögel auf Röst und vorgelagerten Vogelbergen, die Beobachtung der häufigen Seeadler.

Klima
Die Lofoten sind Kreuzungspunkt mehrerer Tiefdruckstraßen, daher häufig Regen und Wind, aber auch sehr schnelle Wetterveränderungen. Es gibt im Sommer auch lange Schönwetterperioden. Ideale Paddelzeit sind die Monate Juni bis August.

Verkehrsmittel
(Zu) gut ausgebautes Straßennetz. Für den Paddler sind die verschiedenen Fährverbindungen sowie die Stationen der Hurtigruten wichtig, um zum Ausgangspunkt zurückzukommen oder bei schlechtem Wetter Rückzugsmöglichkeiten zu haben.

Gefahren
Schnelle Wetterumschläge, Nebel, heftige Winde sind jederzeit möglich. Barometer, Radio (Wetterbericht!), Kompass sind daher wichtig. Kentern ist wegen des eiskalten Wassers immer lebensbedrohlich. Das Revier ist also erfahrenen Seekajakfahrer vorbehalten, die auch hohen Seegang sicher beherrschen, die Rettungs- und Wiedereinstiegsmethoden kennen und die richtige Ausrüstung mitführen.

Karten/Literatur
Seekarten sind nützlich, die amtlichen norwegischen Landkarten 1:100.000 sind für den Paddler aber geeigneter. Das Seehandbuch gibt wichtige Hinweise zu Wetter und Gefahren.

Zahlreiche Reiseführer über Norwegen speisen diese Landschaft mit wenigen Zeilen ab. Für allgemeine Infos empfehle ich das ‚Norwegen Magazin, Offizielles Reisehandbuch‘.

Fasziniert hat mich ein Paddelbuch, das leider vergriffen, aber in Büchereien oft noch vorhanden ist; Dr. Werner Wrage, ‚Nordweg zum Lofot‘. Ebenfalls vergriffen: Erich Wustmann, Faltbootfahrt von Fjord zu Fjord‘.

Reiseskizzen von den Åland-Inseln

Erste Begegnung

Die erste Begegnung mit dem Inselreich zwischen Schweden und Finnland geschah auf der Landkarte. Beim Suchen nach geeigneten Gewässern für eine Urlaubsreise mit dem Kajak bleibt das Auge fast zwangsläufig bei den tausenden Inseln im Bottnischen Meerbusen hängen. Dieses Inselreich gestattet es ohne weiteres, eine Reise von Schwedens Hauptstadt nach Helsinki zu machen und dabei fast immer wie auf einem Binnensee von dem vielfältig wechselnden Horizont der Schären umgeben zu sein. Der Sprung vom schwedischen Festland zu den ersten åländischen Schären ist allerdings nur bei gutem Wetter und von tüchtigen Paddlern zu bewältigen. Da wir – zwei Familien mit jeweils zwei Kindern – derartige Abenteuer nicht im Sinn haben, stehen wir nun an Deck des großen Fährschiffs und nähern uns der åländischen Hauptstadt Mariehamn. Schon weit vor Mariehamn begann die Fahrt durch die Vielfalt der Schären und Klippen.

Fahrt durch Föglö

25 Kilometer hinter Mariehamn lassen wir unsere Kajaks zu Wasser, auf Lumparland. Hierher können wir bei schlechtem Wetter notfalls mit Fährschiffen von verschiedenen Inselgruppen aus zurückkehren.

Wir werden auf Lumparland gleich richtig eingestimmt: Nachdem das Auto am Fährparkplatz abgestellt ist, umfängt uns einsame Stille, vor dem Zelt breitet sich die weite Schärenlandschaft aus, ringsum wachsen Heidelbeeren und Walderdbeeren. Ein schöner Sommertag lässt weiße Wolken über den Himmel segeln.

Die Fahrt zur Inselgruppe Föglö ist schnell gemacht. Immer wieder sorgen kleine bewaldete Schären, nackte Felsbuckel, aus der Luft fischende Seeschwalben oder paddelnde Entenfamilien für Abwechslung Dann beginnen enge Wald- und Schilfdurchfahrten im südlichen Teil von Föglö Die granitenen Felsplatten erheben sich glattgeschliffen und poliert aus dem klaren Wasser und begrenzen die Landschaft gegen den Urwald aus Fichten, Erlen und Kiefern im Hintergrund. Eine schmale felsige Landzunge bietet uns Sicht nach zwei Seiten, auf der einen die weite Schärensee, auf der anderen eine stille Bucht vor dicht verfilztem nordischen Wald. Hier umgibt uns die Romantik des Nordens unverfälscht. Zu dieser Stimmung trägt auch ein mächtiger Seeadler bei, der über unseren Zelten kreist.

Wir versuchen ‚aus dem Lande zu leben'. Es gelingt uns, zwei Hechte aus dem Wasser zu ziehen. Ab Mitte Juli ist auf den waldbestandenen Schären kein Mangel an Heidelbeeren, und später gibt es auch Preiselbeeren und Pilze. Bei der Vogelwelt begnügen wir uns aber mit dem Beobachten. Fortwährend begegnen uns die Kinderstuben der verschiedenen Wildenten. Mit lautlos vorbeitreibendem Boot gelingt es mühelos, die meist auf kleinen Felsen am Wasser sitzenden Küstenseeschwalben aus nächster Nähe zu betrachten. Die jungen Seeschwalben, nur erkennbar an ihrer noch nicht ganz ausgebildeten Schnabelfärbung, sind schon genau so groß wie ihre Eltern, lassen sich aber immer noch wie hilflose kleine Kinder von ihnen füttern. Auch die zu den Alken zählenden kleinen Gryllteiste können wir häufig beobachten, ihre klagenden Rufe sind uns bald vertraut.

Nordischer Sommer

Mit nicht allzu großen Wettererwartungen sind wir in den Norden gefahren, hatten warmes Zeug eingepackt, und werden nun durch ein hochsommerliches Wetter beglückt, wie man es bei uns kaum kennt. Es wird wie eine Fahrt in Griechenland, mit dem Unterschied aber, dass die Luft trotz der Hitze klar und leicht bleibt. Häufig sitzen wir auf den aufgeheizten glatten Felsen und springen in das klare Ostseewasser. Die auf den Felsen zurückgebliebenen Regentümpel, aus denen wir manchmal unser Kaffeewasser schöpfen, zeigen uns aber, dass wir mit diesem Hochsommerwetter viel Glück haben. Am schönsten sind die nordischen Abende. Die Dämmerung lässt das Sonnenlicht in stundenlangem Farbenwechsel langsam verblassen, ohne dass es nachts ganz finster wird. Die Abende auf warmer Felsplatte vor himbeerfarbigem Himmel bleiben uns lange in Erinnerung.

Leben in der Natur

Auf Åland und in Finnland gilt nicht das ‚Jedermannsrecht', das in Schweden freien Zugang zur Natur verbürgt und in unbebautem Gelände das Zelten mit einem Rechtsanspruch versieht. In der Praxis ist der Unterschied aber gering. Kaum ein Sommerhausbewohner oder Bauer wird dem Paddler den Aufenthalt auf seiner Insel verwehren, wenn der nötige Anstand (und Abstand) gewahrt wird. Nicht erbaut sind die Åländer, wenn ihre schönen Granitfelsen

durch Lagerfeuer gesprengt und zerstört werden. Auch das Fischen im Meer ist – anders als im übrigen Skandinavien – nicht frei.

Will man das Leben in unberührter Natur und Einsamkeit richtig genießen, muss man Inseln, die mit dem Auto erreichbar sind, meiden. Es ist erstaunlich, wie weit das Auto in das Inselgewirr mit Hilfe von Straßendämmen, Brücken und Autofähren eindringt. Auch die mit Tonnen und Priggen bezeichneten Bootsfahrwasser, auf denen auch riesige Fährschiffe durch die Inselwelt brausen, sind der Einsamkeit abträglich. Will man sicher sein, eine Schäre für sich allein zu haben, gibt es aber hunderte Gelegenheiten. Während wir auf der Insel Kumlinge beispielsweise den Eindruck einer gut besiedelten Landschaft hatten, erscheinen uns die Schären in dem weiten Seegebiet westlich davon wie Landschaften, die vom Menschen noch gänzlich unberührt sind. Das freie Leben ist der eigentliche Grund, weshalb wir immer wieder den Norden aufsuchen. Dabei verlangt die Natur von uns, dass wir uns ihr anpassen. Ausrüstung und Vorräte müssen so bemessen sein, dass auch ein erzwungenes Festsitzen auf einsamer Schäre, etwa bei Sturm, keine Probleme aufwirft.

Die einzigen Paddler, die wir unterwegs treffen, fahren Stunde um Stunde durch die herrliche Schärenlandschaft auf der vergeblichen Zeltplatzsuche, völlig entnervt. In ihrer deutschen Mentalität meinen sie, nur auf Rasenplätzen, die hier natürlich sehr selten sind, das Zelt errichten zu können. Wir hingegen ziehen die flachen Felsplatten, die an Sauberkeit kaum zu übertreffen sind, meist vor, wenn wir wegen des guten Wetters nicht überhaupt auf den Zeltaufbau verzichten (manchmal erzwingen die Mücken das Zelt). Auch hören wir später von Paddlern, dass sie gewisse Gebiete wegen des Vorkommens von Kreuzottern meiden. Sie verstehen nicht, dass diese bei uns so selten gewordenen Tiere harmlos sind, solange man sie in Ruhe lässt.

Bald empfängt uns die einsame Stille der Schären. Die glattpolierten Granitfelsen bieten idyllische Zeltplätze.

Kurzinformation:

Allgemeines

Die Åland-Inseln sind fast ‚zeitlos'. Seit 1980, als dieser Bericht entstand, hat sich nur wenig geändert. Vielleicht sind einige Ferienhäuser hinzugekommen, und die eine oder andere Insel hat Anschluss an das Straßennetz bekommen. Aber die Natur ist immer noch weitgehend unverdorben und schön.

Auf den Åland-Inseln wird übrigens schwedisch gesprochen, obwohl sie politisch (mit einer gewissen Autonomie) zu Finnland gehören.

Landschaft

Ich kenne in Europa keine Inselwelt, die so vielfältig, ausgedehnt und von so intakter Natur ist wie dieses Gebiet. Es ist der landschaftliche Höhepunkt eines Schärengürtels, der sich von Oskarshamn in Südschweden bis über Helsinki hinaus erstreckt: Von der Eiszeit glattpolierte Granitinseln, oft mit nordischem Urwald bestanden.

Sehenswert

Dass die Natur bei jeder Reise in den Norden Europas im Vordergrund steht, brauche ich nicht zu betonen. Die Hauptstadt Mariehamn besitzt einige Museen, u.a. die Viermastbark ‚Pommern' und ein sehr ländlich anmutendes Stadtbild mit leicht russischem Einschlag. Viele der åländischen Dörfer besitzen schöne Feldsteinkirchen. Wie überall in Skandinavien sind die Freilichtmuseen sehenswert.

Klima

Schönster und sonnigster Monat ist der Juni. Zwar ist der Juli mit durchschnittlich 20 Grad etwas wärmer, aber es regnet auch schon eher einmal. Die atlantischen Tiefs regnen sich meist schon in Norwegen ab, aber gelegentlich kommt es doch zu heftigen Regen- und Sturmtagen.

Verkehrsmittel

Mariehamn ist Knotenpunkt etlicher Autofähren; die im Stockholmer Raum beginnen, Die Überfahrt auf eigenem Kiel von Schweden aus setzt einen versierten Seekajakfahrer voraus, während die Weiterreise nach Osten durch zahllose Schären erleichtert wird. Auf Åland selbst gibt es eine Reihe von (kostenlosen) Autofähren zu den Inselgruppen und erstaunlich viele Strassenverbindungen über Brücken und Dämme in die Inselwelt hinein.

Zelten

In Finnland gilt nicht das schwedische Jedermannsrecht, und jede noch so kleine Insel hat ihren Eigentümer. Wenn gelegentlich ein Zeltwunsch abgelehnt wird, sollte man Verständnis haben. Wegen der zahllosen unbewohnten Inseln wird sich leicht eine Alternative finden lassen. Natürlich wird der

Überall in den inneren Schären findet sich eine üppige Vegetation von dichtem nordischen Urwald.

Ein Regenschauer hat die Luft gereinigt, Regenbogen und Natur strahlen in frischen Farben.

Kajakfahrer keine Spuren oder gar Abfall hinterlassen und sein Lagerfeuer nicht auf den großen Felsplatten, die in der Hitze platzen, errichten. Das Angeln im Meer, wegen der zahlreichen Hechte sehr reizvoll, ist übrigens nur mit käuflicher Angelkarte erlaubt. Trinkwasser ist manchmal rar, daher Vorrat mitnehmen. Außer für Kaffee oder Tee kann aber fast immer das nur sehr schwach salzige Ostseewasser weiterhelfen.

Gefahren

Wenn auch Inseln und Schären Wetterschutz bieten, handelt es sich doch um Seekajakfahrten mit entsprechenden Anforderungen und Ausrüstung. Wer Kreuzottern fürchtet, kann sich in der Apotheke in Mariehamn ein Schlangenmittel (Kreislaufstütze) kaufen.

Literatur, Karten

Spezielle auf den Kajaksport abgestellte Reiseführer sind mir nicht bekannt. Es gibt aber eine hervorragende Landkarte der gesamten Inselgruppe, die 1:100.000 amtliche Touristenkarte, auf der auch die Seglerrouten eingezeichnet sind.

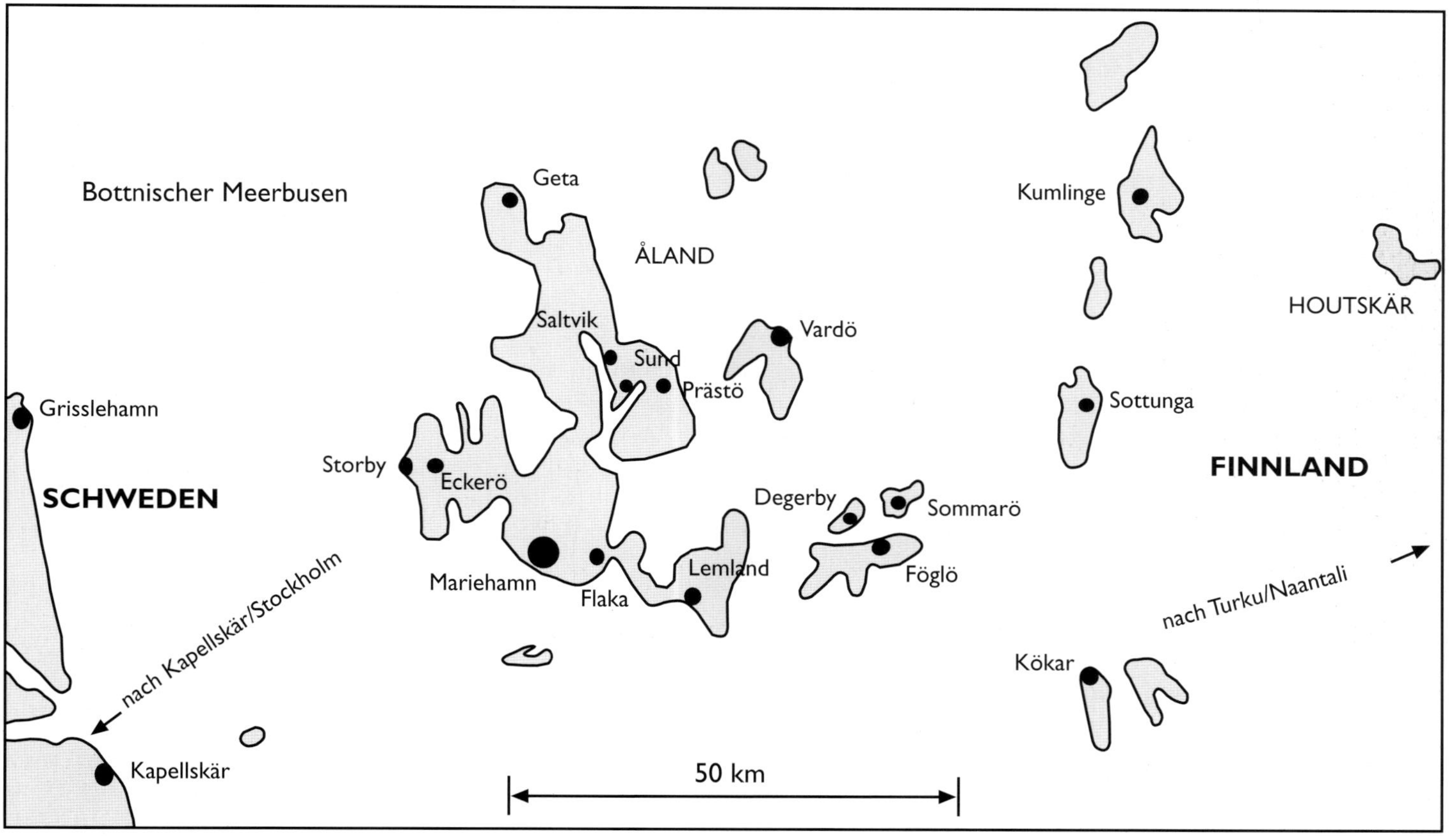

Mittelmeerländer

In die Ägäis gestreut: Südliche Sporaden

Unsere beiden Zweierfaltboote haben eine bewegte Vergangenheit hinter sich, lagen aber zugegebenerweise bis vor kurzem unbeachtet auf dem Dachboden. Hervorgeholt hatten wir sie wegen zweier Vorzüge, die ein Polyesterboot kaum bietet: ihre hervorragende Seetüchtigkeit und die Fähigkeit, in zehntausend Metern Höhe über der späteren Fahrtroute in so viel Minuten die Strekke abzufahren, wie wir in ebenso viel Tagen paddeln werden. Mit anderen Worten: Wir sitzen in einem modernen Großraumflugzeug, die Faltboote verpackt im Frachtraum, drücken uns die Nasen an den viel zu kleinen Kabinenfenstern und schauen auf die südlichen Sporaden hinunter.

Patmos und bizarre Buchten

Sporaden heißen die Inseln, weil sie wie hingestreut in der Ägäis liegen. Im Gegensatz zu den nördlichen Sporaden, die sich an das thessalische Festland anlehnen, liegen die südlichen Sporaden direkt unter der kleinasiatischen Küste. Aus dem Flugzeug sind die einzelnen Inseln deutlich auszumachen. Fast kann man die künftigen Zeltplätze und Badebuchten im voraus festlegen. Wir schauen auf das schneeweiß von seinem Kloster überkrönte Patmos, unseren Startplatz, die bizarren Buchten von Leros, lange einsame Sandstrände von Kos, den Vulkan Nissiros und die weiteren Inseln bis nach Rhodos. Aus der gewaltigen Höhe ist gleichzeitig die Schwemmlandebene des Mäanders (Menderes), die schmale lange Dorische Halbinsel und ganz im Südosten schneebedecktes taurisches Hochgebirge auszumachen, während wir uns zur Landung der großen Insel Rhodos zuwenden. Schon eine halbe Stunde später stehen wir mit unserem Faltbootgepäck auf der nach Norden auslaufenden ‚Kamiros', einem alten Ägäisdampfer. Nun wiederholt sich der Inselreigen in umgekehrter Folge zu Schiff. Hierbei ist die griechische Realität allerdings viel stärker spürbar: Die geradezu erschreckende Nacktheit der Insel Symi, die massive Gewalt des Meltemi-Sturmes zwischen dem türkischen Festland und der Stadt Kos, der weit aufs Meer reichende Duft der Macchia.

So steigen wir am Abend desselben Tages, an dem wir morgens am hektischen Düsseldorfer Flughafen standen, auf der Insel Patmos an Land.

Über einsame Küsten nach Kos

Am kommenden Morgen entstehen die beiden Faltboote am Hafen unter den Augen staunender Fischer. Die Flugreise brachte noch einen Vorteil: Wir haben keinerlei überflüssiges Gepäck. Nach dem Studium des Seehandbuchs hatten wir beschlossen, kein Zelt mitzunehmen, da es vor Oktober hier ebenso selten regnet wie in der Sahara. Auch schwere Luftmatratzen und Daunenschlafsäcke sind angesichts des warmen Klimas entbehrlich. Stattdessen haben wir schattenspendende Sonnendächer und Leichtschlafsäcke dabei. Das im Faltboot nötige Sitzgepäck vermissen wir allerdings zuerst. Wir haben leere Kissenhüllen mitgenommen, die am ersten Lagerplatz mit trockenem Gras gefüllt werden sollen.

Das Seehandbuch ist eine wichtige Lektüre bei der Fahrtenplanung. So wissen wir, dass der Meltemi, der sommerliche Starkwind aus nordwest- bis nordöstlichen Richtungen eigentlich erst im August richtig loslegt und dass zwischendurch hauptsächlich mäßige Nordwestwinde wehen. Aus diesem Grunde paddeln wir in südöstlicher Richtung, und wir sind früh im Sommer, Ende Juni, unterwegs, in der Hoffnung, dass der Meltemi sich nicht verfrüht.

Die Hitze ist der Preis, den wir für das Fehlen des Meltemi bezahlen. Am besten paddelt es sich ganz früh morgens. Zwischen zehn Uhr und mittags sind wir meist schon in Badebuchten angelangt, die bis zum nächsten Morgen Aufenthalt bieten. In der Mittags- und Nachmittagshitze benötigen wir trotz vieler Bade- und Tauchgänge unbedingt Schatten. Wir bauen stets unsere vier Quadratmeter großen alubeschichteten Stoffdächer auf und sind so in der Lage, selbst in völlig schattenlosem Gelände zu lagern.

Natürlich haben wir Tauchmaske, Schnorchel und Flossen dabei. Das glasklare Wasser verlockt immer wieder zum Tauchen. Allerdings ist der frühere Fischreichtum durch Dynamitfischer und ‚Sport'-Taucher auch hier zusammengeschmolzen.

Als Naturfreund wird man natürlich auch die Berge, die Macchia und deren Pflanzen- und Tierwelt erkunden. Uns haben diese Ausflüge immer wieder fasziniert, obwohl der Schweiß dabei in Strömen fließt. Wie schön sind die blühenden Oleandergebüsche, die sich überall in Taleinschnitten die Berge

Mit dem Faltboot-Zweier vor der Stadt Chalkis, die unter glühender Sonne in fast vegetationsloser Kalksteinwüste liegt. Die Einwohner leben überwiegend vom Fischfang und dem nur schwach entwickelten Tourismus. Viele der Häuser stehen leer.

hinaufziehen, oder die zahlreichen Schmetterlinge, die an Thymianblüten saugen. Das große Blühen der Macchia ist schon vorbei, nur ein paar Nachzügler erfreuen uns noch. Um so interessanter ist das Heer der Insekten und Kleintiere. Für den Fotoamateur gibt es stundenlange Jagd auf Schmetterlinge, Gottesanbeterinnen oder blattlaussaugende Ameisen.

Von Patmos führt unsere Route zu der abgelegenen Inselgruppe Lipsos hinüber. Noch suchen wir nicht die menschlichen Ansiedlungen, sondern im Gegenteil die Einsamkeit abgelegener Buchten.

An Leros' Westküste und Kalymnos' Ostküste entlang führt uns unser Kielwasser abseits der Touristenstraßen. Es gibt schneeweiße Kiesbuchten unter steilen Felswänden, die uns – abgesehen von einigen Fischern, die freundlich ihr Abendessen mit uns teilen – ganz allein gehören.

Die Überfahrt an Pserimos vorbei zur großen Insel Kos wird uns durch Windstille erleichtert, fordert durch unglaubliche Hitze aber auch letzte Anstrengungen. Kos ist wie ein Kulissenwechsel: statt steiniger Kargheit flachgewelltes Land mit feinem Sandstrand. Die Nordküste in südwestlicher Richtung fahrend, paddeln wir bald an hohen Sandsteinabbrüchen entlang.

Unsere Kajaks in wilder See

Der feine Sandstrand und die unwirkliche Kulisse der senkrechten Sandsteinufer verführen uns zu längerem Lagerleben, die reichen Gemüsefelder im Hintergrund verwöhnen uns auch kulinarisch. So passiert es uns, dass wir an diesem der Brandung frei ausgelieferten Strand nach aufkommendem Starkwind festgenagelt werden: Ein Start durch die weißschäumende Brandung ist unmöglich. Einen Tag später gelingt uns ein nasser Start durch immer noch hohe Brecher, aber der Wind frischt bald wieder auf und zwingt uns in einer felsigen Bucht nördlich von Kefalos wieder an Land. Zwei Tage liegen wir fest und lernen so die Berge und die Macchia ausgiebig kennen, ehe wir mit einem gewagten Sprung durch die Brandung dem Sturm durch Umrundung der Westspitze der Insel entkommen.

Ist es der zu früh einsetzende Meltemi oder die Auswirkung eines lokalen Tiefdruckgebietes? Jedenfalls unterschätzen wir am nächsten Tag im Lee der Insel Kos den Wind gewaltig. Wir kämpfen uns durch hohe Wellenberge an der Insel Yali vorbei nach Nissiros. Die Zweierfaltboote halten sich trotz der beängstigend hohen See vorzüglich. Nicht selten surfen die schwerbepackten Boote, von den weißen Wogenkämmen geschoben, über weite Strecken, und uns wird von hoher Wellenwarte ein großartiges Bild der wilden See zuteil.

Wie erleichtert sind wir, als uns die See in den nur schlecht geschützten Fischerhafen von Nissiros schleudert. Fischer aus dem nahen Kafenion, die uns bemerken, und die unsere abgekämpften Mienen sofort verstehen, kommen uns in der Brandung zu Hilfe. Oh griechische Gastfreundschaft! Nie haben wir sie so elementar empfunden wie hier.

Abgelegene Inseln und Kreuzritterburgen

Nissiros ist ein erloschener Vulkan mit feinen schwarzen Sandstränden, an die kaum ein Tourist sich verirrt. Nach Kafenion, Restaurant, Ortsbesichtigung und Einkaufen sind wir also bald wieder in einsamer Landschaft.
Gern warten wir, nun etwas vorsichtiger, einen Tag, bis die recht lange Überfahrt nach Tilos gewagt werden kann. Wieder finden wir Zelt- und Badebuchten von atemberaubender Schönheit.

Die Überfahrt zur nächsten Insel, über Anitilos (einem nackten Felsen ohne Landemöglichkeit) nach Chalkis ist bei weitem unser längster Törn. Obwohl nur ein leichter Wind weht, schwillt die See mächtig auf und ab. Immer wieder sausen Sturmvögel hart über unsere Köpfe hinweg, auf der Suche nach Nahrung in dieser tiefblauen Wasserwüste. Chalkis ist eine Wüste aus weißem Kalkfels, bizarr und gewaltig. Wir müssen lange paddeln, bis wir auf der Südseite todmüde in eine einsame Kiesbucht fallen.

Von hohem Fels blickt eine Kreuzritterburg wie aus dem Märchenbuch auf uns herab und lockt mit ihren weißen Zinnen so lange, bis wir den mühseligen Aufstieg durch die Felswildnis beginnen. Oben angekommen: welch überraschende Aussicht! Nicht nur, dass die große Insel Rhodos vor uns ausgebreitet liegt, nein, tief zu unseren Füßen, umgeben von weißer Kalköde, liegt grün und einladend die Stadt Chalkis an einer hellblau leuchtenden Bucht.

Anderntags sitzen wir unter schattigen Bäumen am Hafen und lassen uns den griechischen Kaffee in winzigen Tassen servieren (es stößt auf Protest, hier von ‚türkischem' Kaffee zu sprechen!). Der Ort lebt eigentlich nur vom Fischfang. Fischer berichten uns, dass nach langen Meltemi-Wochen, wenn die Boote nicht auslaufen können, die Armut sich hereinschleicht, während es andererseits vorkommt, dass durch glücklichen Fang viele tausend Drachmen eingenommen werden. Fisch ist in der Ägäis wie überall im Mittelmeer rar und teuer.

Der Sprung nach Rhodos ist für uns nach dem bisher geschafften eine Kleinigkeit, denken wir, und geraten am Strand des Attáviros-Gebirges prompt in hohe Brandung, die uns völlig durchnässt an Land entlässt. Auch hier auf Rhodos finden wir überall Bauwerke der Kreuzritter, teilweise imposante Burgen in völliger Macchia-Einsamkeit. Wie auf Chalkis sind aber auch hier diese Burgen alle zu Ruinen zerfallen. Diese Kreuzritter, aus Germanien und Frankreich mit dem Alibi der Rückeroberung der heiligen Stätten müssen für die Errichtung solch gewaltiger Bauwerke wohl in großem Umfang Sklavendienste der einheimischen Bevölkerung genutzt haben.

Es ist erstaunlich, wie der Paddler selbst auf der touristisch am meisten erschlossenen Ägäis-Insel einsame Strände und großartige Landschaften genießen kann. Überall dort, wo die Küstenstraße weiter im Landesinneren verläuft, sind Strände und Felsküsten unberührt. Auch von See her haben wir keine Menschenmassen zu befürchten, da die ganze Westseite der Insel dem Seegang ausgesetzt ist, und die Brandung wohl mit unseren Faltbooten, wenn auch oft nass, überwunden werden kann, aber kaum mit größeren Booten.

In dem kleinen Hafen von Skala Kamirou bauen wir unsere Boote ab, um mit dem Taxi über die Küstenstraße den 40 Kilometer entfernten Flughafen von Rhodos zu erreichen. Ein Tag im heftigen Wirbel des Tourismus in der Stadt Rhodos und ein Blick auf die Hotelstrände in ihrer Beengtheit hinter der lärmenden Küstenstraße genügt, um in uns die Sehnsucht nach dem ungestörten Inselleben der vergangenen drei Wochen wieder zu wecken.

Am Abend verschwimmen die Konturen Kleinasiens mit denen der ägäischen Inseln unter uns in der Dämmerung. In derselben Nacht hat uns die deutsche Autobahn wieder.

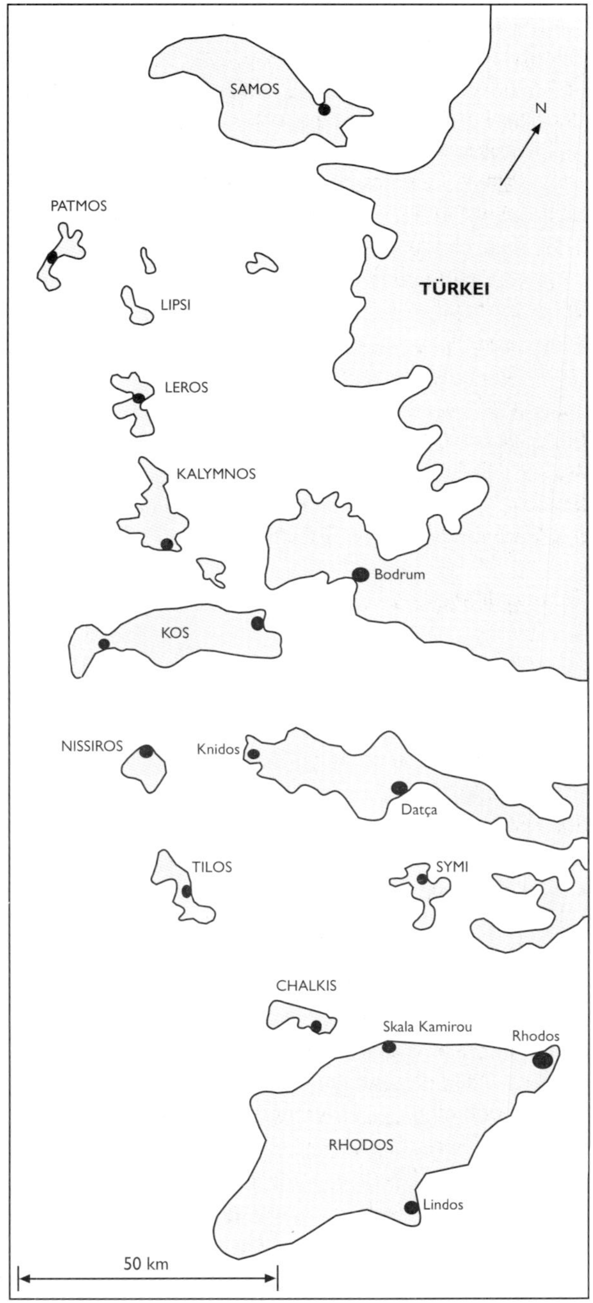

Kurzinformation

Allgemeines

Die geschilderte Reise fand bereits 1982 statt, in diesem Teil Griechenlands konnte aber auch der Tourismus seitdem nicht viel verändern, so dass der Paddler heute fast unveränderte Verhältnisse vorfindet. Die Reiseroute kann nach Belieben abgeändert werden, es gibt eine Vielzahl von Möglichkeiten.

Landschaft

Die südlichen Sporaden sind – mit Ausnahme von Rhodos – stark verkarstet, dennoch besteht eine interessante Mittelmeerflora. Alle Inseln sind gebirgig. Kos und Rhodos haben größere Sandstrände, sonst herrschen Kiesstrände vor. Die Umwelt ist größtenteils noch intakt, Wasser und Küsten sind sauber. Auf Nissiros, einer typischen Vulkaninsel, schwarze Sandstrände. Der Tourismus konzentriert sich auf Rhodos und Kos, dort allerdings teilweise mit schlimmen Auswüchsen.

Sehenswert

Kloster in Patmos aus dem 9. Jahrhundert, mittelalterliches Stadtbild von Rhodos, viele typische griechische Hafenorte (Leros, Kalymnos, Kos, Symi, Chalkis), großartige Reste von Kreuzritterburgen (Rhodos, Chalkis u.a.), Vulkanlandschaft auf Nissiros

Klima

Von Mai bis Oktober sehr trockenes Mittelmeerklima, der Dauersonnenschein wird meist durch Seewind erträglich, trotzdem sind wir nie ohne schattenspendendes Sonnendach gereist. Mit den Winden ist – besonders bei grö-

ßeren Überfahrten – nicht zu spaßen. Ab etwa zweite Julihälfte ist jederzeit mit dem sehr heftigen Meltemi (Nordwest bis Nordost bei Windstärken bis 8 Beaufort!) zu rechnen, ohne dass verlässliche Vorzeichen ihn ankündigen. Seewetterbericht abhören! (Frequenzen und Zeiten beim ADAC, der Deutschen Welle oder beim Österr. Rundfunk erfragen.

Verkehrsmittel

Großflughäfen (Charterverkehr) auf Samos, Kos und Rhodos. Schiffe von Piräus zu allen größeren Inseln. Schiffe verkehren auch zwischen allen Dodekanes-Inseln, sodass die Reise fast überall beendet werden kann.

Ausrüstung/Gefahren

Die Überfahrten zwischen den Inseln erfordern gute Bootsbeherrschung und Ausdauer, kein Revier für Anfänger! Hoher Wellengang und Brandungslandung müssen beherrscht werden. Wichtig: Seetüchtiges Boot (gute Spritzdecke, Steuer, Kompass, Radio, Karte, Wasservorrat).

Die mittägliche Sonnenhitze lässt sich nur im Wasser oder unter unseren großen Sonnensegeln aushalten.

Links
Brandungsküste auf der Nordseite von Rhodos. Dieser Strand, weitab vom Hoteltourismus der Insel, gehört uns ganz allein. Aber das Anlanden und der Start durch die Brandung kann ganz schön nass sein.

Rechts oben
Innenhof des Klosters Patmos.

Rechts unten
Vulkanischer Tuffsteinfelsen auf Nissiros, von der Brandung zu skurillen Gebilden geformt.

Immer finden wir Kiesbuchten zum Lagern und Baden. Die Sonnensegel sind während der Mittagshitze unverzichtbar.

In den kleinen griechischen Inselhäfen ist das Leben noch beschaulich. Das seit Jahrhunderten gebräuchliche Kaiki hat sich – jetzt motorisiert – bis heute als Frachtschiff in der Ägäis erhalten.

Rechts
Die Ägäis bietet eine Vielzahl landschaftlich eindrucksvoller Küsten, ein Paradies für Kajakfahrer.

Unten
Die Kreuzritter haben im Mittelalter unter dem Vorwand der Befreiung der heiligen Stätten der Christenheit im östlichen Mittelmeer unverhüllt Eroberungskriege geführt und die Bevölkerung gezwungen, gewaltige Burganlagen zu bauen. Dennoch haben die Türken überall in Griechenland später die Herrschaft errungen und bis in unser Jahrhundert hinein aufrechterhalten.
Burganlage von Chalkis, im Hintergrund der gleichnamige Ort.

Ionische Inselfahrt

Die ‚Miaulis', ein älterer griechischer Dampfer, kämpft sich durch ein wildes, weißschäumendes Meer. Ein starker Maestrale weht seit zwei Tagen. Im Morgengrauen liegt die gewaltige, kahle Gebirgsküste Albaniens vor uns, rechts tauchen die ersten griechischen Inseln auf: Othoni und Samothraki, dahinter, noch in weiter Ferne Kérkyra (Korfù). Bis auf wenige Kilometer fahren wir an die einsame Küste Albaniens heran, dann sind wir auf der Rückseite Korfus und steuern die Stadt Kérkyra an. Sogleich ist das Bild echt griechisch: Ein paar Kutter ziehen mit geblähten Segeln durch das bewegte Meer, die Berge der Insel leuchten in einem sanften Rotbraun, in welches schneeweiße Dörfer und grüne Platanenwälder eingestreut sind.

Wir sind gekommen, das heutige Griechenland kennenzulernen, seine Menschen und die unvergleichliche Landschaft. Überlassen wir die archäologischen Stätten, Säulenreste und Museen zunächst den Autotouristen, wir werden später ganz von selbst auch noch jene Seite Griechenlands erleben. Also bauen wir am Hafen, zwischen den schnittigen hölzernen Kaïkis unsere beiden Faltbooteiner auf. Bald umgeben uns Fischer und Seeleute. Da man nicht gewohnt ist, dass Fremde die neugriechische Sprache verstehen, unterhält man sich sehr ungezwungen über uns und unsere merkwürdigen Boote. „Ti oräa prámata", rufen sie angesichts der fertig aufgebauten Boote aus, „was für schöne Dinger". Wir können dem mit gutem Gewissen zustimmen, bestätigen aber den Fischern, dass es kaum schönere Schiffe gibt, als ihre Kutter und Kaïkis. So entspinnt sich langsam ein Seemannsgarn. Wir hören von den gewaltigen Frühjahrsstürmen, die das Meer gegen die Küsten peitschen. Und wir hören auch etwas über die anderen Ionischen Inseln, von Paxos zum Beispiel, über das unser Reiseführer nur wenige belanglose Worte sagt. Es soll dort mächtige Meeresgrotten geben, in denen weiße Robben hausen. Wir beschließen, auf jeden Fall diese Insel anzusteuern.

Zunächst durchfahren wir den kleinen Kanal, der die Festung, das ‚Kastro' von der Stadt trennt. Dann erleben wir zum ersten Mal den Tanz der weißschäumenden Wellen im leuchtend blauen Meer, ein Bild, das für Griechenland so typisch ist. Es gibt ein endloses Wellenreiten über weite Buchten, südwärts. Wie anders ist diese Küste als weiter im Norden, in Dalmatien! Hier ist jede Bucht von einem einladenden Kiesstrand eingefasst, während dort messerscharfe Kalkfelsen oft meilenweit jede Landung unmöglich machen. Manchmal rieselt uns sogar feiner weißer Sand durch Schlafsäcke und Kochtöpfe.

Am nächsten Vormittag packt uns die südliche Hitze, und wir verwerfen alle Gedanken an Sonnenbaden. So wird uns ein Sonnensegel aus Treibsegel und Paddel zum wichtigsten Ausrüstungsstück.

Die Fischer hatten uns gesagt, dass der ‚Maestro', der sommerliche Nordwestwind, meist gegen Mittag einsetzt. Seine Stärke soll sich an der Mächtigkeit der über den Festlandsbergen liegenden Wolken im voraus bestimmen lassen. So machen wir unsere Treibsegel klar, und pünktlich zur Mittagsstunde beginnt der mächtige Maestro und treibt unsere beiden Einer durch das schäumende Meer.

Abends landen wir an dem rot in der Sonne glühenden Südkap Kérkyras. Weiter im Süden, 20 Kilometer entfernt, erblicken wir die Insel Páxos, im Osten das hohe Bergland Ipiros. Die Überfahrt nach Páxos am nächsten Morgen macht uns klar, dass wir uns mit dem Maestro anfreunden müssen, wollen wir nicht in bleierner Hitze auf spiegelblanker See einem Hitzschlag erliegen. Doch die wundervollen Olivenwälder von Páxos, unter denen schattige Grasterrassen zum Zelten einladen, entschädigen uns für die Mühen.

Der Hauptort der Insel, Gajos, liegt in einer tiefen Bucht versteckt. Der kleine quadratische Platz mit den Kafenions taucht ebenso unvermutet auf, wie uns die schrille Musik zweier Lautsprecher (die selbstverständlich unterschiedliche Melodien von sich geben) überfällt.

Der Kapitän eines Kaïkis aus Ithaka bietet uns ‚filoxenia', Gastfreundschaft, an, und wir schlafen auf seinem im Hafen liegenden Schiff. Wir erkundigen uns nach den Grotten, die wir bisher vergeblich gesucht hatten, und erfahren, dass sie auf der Westseite der Insel zu finden sind, auch die Existenz der weißen Robben wird uns bestätigt. Sie sind natürlich viel zu scheu, um sich uns zu zeigen. Aber die Höhlen können wir nicht übersehen, in einige könnten ganze Schlachtschiffe Platz finden. Andere sind so schmal, dass wir unsere Boote ankanten müssen, um hineinzukommen. Der Zauber der Farben lockt uns immer wieder in neue Grotten, das Spiel des hellblau strahlenden Wassers begeistert uns. Dazu gibt es unheimliche Geräusche des im Bergesinneren schlürfenden und platschenden Meeres. Einmal können wir ein ganzes Felskap unterirdisch durchfahren, dann wieder finden wir gewaltige Felstore und frei in der See stehende Türme aus Kalkfels.

Wir nehmen Abschied von Páxos. Der Maestro ist ausgeblieben, die Luft ist so klar, dass die 60 Kilometer entfernte Insel Lefkas scharf vor dem Horizont steht. Wir haben nur 30 Kilometer zum Festland der Ipiros zu fahren,

Nach langem Paddeln an unzugänglichen Felsküsten endlich eine Kiesbucht zum Baden und Rasten.

wegen der großen Hitze warten wir aber den Abend ab, so dass wir erst spät in der Nacht den breiten Sandstrand erreichen und der Mond von hohen Bergzügen verschluckt wird.

Am nächsten Morgen schauen wir bewundernd auf endlose Bögen weiten Sandstrandes, der in ursprünglicher Unberührtheit von Horizont zu Horizont reicht. Die Inseln sind nur noch an den darüberliegenden Wolkenbänken zu erkennen.

Die kleinen Dörfer, die etwas abseits in den Bergen liegen, erscheinen uns wie Bilder aus der Bibel. Hier lebt der Grieche sein einfaches Leben, seine Häuser sind klein und unscheinbar, aber immer groß genug um einem Fremden Gastfreundschaft zu gewähren. So essen wir mit manchem griechischen Bauern das Volksgericht ‚fassulia' (weiße Bohnen) und werden oft mit griechischem Kaffee bewirtet.

Schließlich laufen wir mit geblähten Segeln in den Hafen von Préveza, am Eingang des Golfes von Arta, ein. Die reichlich vorhandenen türkischen Zuckerbäcker entschädigen uns für karge Ernährung vergangener Tage.

Südlich von Préveza lockt uns die Durchfahrt zwischen der Insel Lefkas und dem Festland. Eigentlich ist Lefkas gar keine Insel, denn der Kanal durch die sumpfige Landverbindung ist von Menschenhand geschaffen. Die Ausfahrt des Kanals, dessen Fahrwasser durch Priggen bezeichnet ist, wird von mächtigen Festungsruinen flankiert. Überall in Griechenland finden wir diese ‚Kastros', zum Teil aus byzantinischer, zum Teil aus türkischer oder venezianischer Zeit, meist aber von allen Eroberern nacheinander genutzt.

Das Haupthindernis für unsere Weiterfahrt wird nun die große Tageshitze, besonders, wenn der Maestro einmal ausbleibt. Wir beschließen deshalb, einmal eine Nachtfahrt zu versuchen. Mit dem sprühenden Licht des Meeresleuchtens in der Bugwelle kommen wir zwar rasch südwärts, aber nur um bald zu erkennen, dass wir in eine lange schlauchartige Bucht hineinfahren, wie ein Aal in die Reuse. Also wieder zurück. Doch nun kommt starker Wellengang auf, der uns zur Küste streben lässt. Anders als bei einem Sandstrand ist die Annäherung an eine felsige Küste bei Nacht eine äußerst gefährliche Sache. Ein einziger Felszacken kann das Faltboot zum Vollaufen bringen, während der vermeintliche Kiesstrand nur eine Sinnestäuschung ist. So tasten wir uns vorsichtig an die Küste heran, ehe wir uns erschöpft in unsere Schlafsäcke ausstrecken können. Nie wieder bei Nacht ohne Mondschein paddeln!

Am nächsten Morgen beginnt der Maestro bereits sehr früh zu blasen, ein sicheres Zeichen, dass er nachmittags recht stürmisch werden wird. Wir steuern zunächst auf die ferne Berglinie von Ithaka zu. Schaumkronen kommen auf, und bald pfeift der Wind so stark, dass wir die nahe Insel Arkudhi anlaufen müssen. Zunächst bietet sich uns das Bild vollkommener Macchiaeinsamkeit. Doch beim Durchdringen des dornigen Gebüsches stoßen wir bald auf einen Pfad, und wenig später stehen wir vor einem baufälligen Haus. Eine Ziegenherde hatte die umliegenden Bäume erklettert. Hunde fegen uns entgegen, uns rettet ein geschickt geworfener Knüppel. Wir haben einen der selten gewordenen Robinsone entdeckt und werden sogleich mit Ziegenkäse und selbstgebackenem Brot bewirtet. Er erkennt sofort, dass wir ‚Jermaní' sind

Im Gegensatz zu der schönen Natur enttäuschen uns die Städte Westgriechenlands meist. Historische Bauten aus byzantinischer Zeit, Kirchenkunst und Klöster, im Osten Griechenlands so reich vorhanden, fehlen hier meist. Die Inseln sind zudem oft von Edbeben heimgesucht worden, sodass wir hier nur neuere Stadtbilder finden. So sind wir auch nicht sonderlich von Ithaka enttäuscht, wenn wir nur saubere, würfelförmige Häuser, aber nichts, das an Homers Gesänge erinnert, finden. Nur die griechische Gastfreundschaft hat alle Jahrhunderte überdauert. So wie der Schweinehirt Eumäos Odysseus aufnahm, bewirtete uns der Ziegenhirt von Arkudhi.

Auf Kefallinia lädt uns der Kapitän eines kleinen Fischkutters mit mehreren Lampenbooten (‚Lambes') zum nächtlichen Fischfang ein. Wir erleben die harte nächtliche Arbeit des Fischens mit Karbidlampen, aber auch die zufriedenen Gesichter der Fischer nach gutem Fang bei der gemeinsam genossenen Fischsuppe am Strand, noch vor Sonnenaufgang. Auch mit dem Kapitän eines Kaïkis kommen wir ins Gespräch. Er fährt Wein von Kreta zu den Dörfern des Ionischen Meeres. Wir dürfen ein Stück auf seinem Kaïki mitfahren, unsere beiden Boote auf Deck. Unsere Aufgabe besteht im Ankerhieven und – nachdem Kapitän und beide Schiffsjungen in Morpheus Armen liegen – im Steuern des Schiffes. ‚Pate stin Zakyntho', hatte der Kapitän gerade noch als Steueranweisung gegeben: ‚Fahrt nach Zakynthos'. Der Motor tuckert zuverlässig, das Großsegel ist vom Maestro gebläht, wir stehen abwechselnd am Heck, die Arme auf dem Ruderhäuschen, die schwere hölzerne Pinne zwischen den Füßen.

Zakynthos, von den Italienern Zante genannt (‚Zante fior di levante'), bietet nichts außergewöhnliches (was ich sofort widerrufe, wenn ich das nächste Mal die beeindruckende Außenseite der Insel entlangfahre). Wir verlassen das Südostkap, wieder auf eigenem Kiel, ohne vor uns Land zu sehen; die Peloponnes ist über 30 Kilometer entfernt. Beim Orte Katákolon steigen wir an Land um durch weite Korinthenfelder nach Olympia zu laufen. Mächtige Kiefern bilden eine romantische Kulisse des großen Ausgrabungsgebietes, eine Romantik, die sicher falsche Bilder von der hellenistischen Welt vermittelt.

Die große Bucht der Alphiós-Mündung unterschätzen wir, und so sitzen wir zehn Stunden im Boot um mehr als 50 Kilometer bis Kyparissía zu überwinden. Die Küste bietet nun nicht mehr viel Interessantes. Eine Ausnahme macht die Bucht von Navarino (Pylos), sie ist wie mit einem Pfropfen von einer langen Felsinsel abgeriegelt und ergibt so einen der besten Naturhäfen Griechenlands. Hier wurde 1827 die Freiheit Griechenlands von der türkischen Herrschaft entschieden, als eine große türkische Flotte von nur wenigen Schiffen der alliierten Mächte (das waren damals Frankreich, England und Russland) geschlagen wurde.

Einige Tage später passieren wir das westlichste der drei Vorgebirge der südlichen Peloponnes, Kap Akritas. Vor uns taucht nun der mächtige Gebirgszug des Taygetos auf, hinter dem die Ebene von Sparta liegt.

In Kalamata ist unsere ausgiebige Faltbootreise zu Ende, die Faltboote werden mit der Atlas-Levante-Linie nach Hamburg expediert, während wir unseren Abschiedsschmerz zu diesem uns so lieb gewordenen Land in Retsina, dem griechischen Harzwein, ertränken.

Kurzinformation

Allgemeines

Die beschriebene Reise gehört zu meinen Jugenderlebnissen und liegt mehr als drei Jahrzehnte zurück. Ich habe sie vor einigen Jahren wiederholt und stellte dabei mit Erschrecken fest, dass ganze Landstriche vom Tourismus zerstört worden sind. Wo früher archaische Ruhe die Inselwelt prägte, brausen heute Badeboote mit lärmenden Außenbordmotoren um die Kaps, die einst einsamen Festlandsküsten sind durch Straßen dem Verkehr erschlossen und selbst die Steilküste Levkas ist mit dem Auto zu ‚machen'. An der einst wunderbaren Hafeneinfahrt von Paxos steht heute eine Müllverbrennungsanlage!

Trotzdem ist diese Küstenreise – hat man erst einmal den Hotel- und Baderummel Korfus hinter sich – immer noch lohnend. Wenn man einen Reisekatalog blättert und die Fahrt danach so plant, dass man alle gepriesenen Orte meidet, so findet man auch heute noch echtes griechisches Leben und manchmal unverfälschte Mittelmeerlandschaft, vor allem aber das noch immer saubere, tiefblaue Ionische Meer, auf dessen Wogen wir stundenlang ritten, bis wir vom Wellenreiten rauschig wurden.

Klima

Das Ionische Meer kann zwar recht ruppig werden, ist aber im Sommer meist viel berechenbarer als die Adria mit ihren Fallwinden oder die Ägäis mit den sommerlichen Starkwinden. Trotzdem: Vor größeren Überfahrten Wetterbericht hören oder einheimische Fischer befragen. Komplette Seekajakausrüstung und einige Paddelerfahrung sind auch hier nötig. An den Außenküsten kann die Brandung das Anlanden sehr erschweren: Außerhalb der Brandung ins Wasser springen, die Bootsluke verschließen und mit dem Boot schwimmend den Strand erreichen. Im Mai blüht die Macchia, die Hitze ist noch erträglich, die Touristenmengen noch nicht unterwegs. Generell geeignet sind aber die Monate April bis Oktober.

Verkehrsmittel

Korfu, Preveza, Kefallinia und Zakynthos haben Großflughäfen für den Charterverkehr. Alle Inseln und einige Festlandsorte (Igoumenitsa, Preveza, Patras, Katakolon) sind durch Fährschiffe miteinander verbunden, so dass Anfang und Ende der Reise vielfach variiert werden können. Wer auf das eigene Auto nicht verzichten will, kann von Italien (Venedig, Ancona, Bari, Brindisi, Otranto) nach Korfu, Igoumenitsa oder Patras per Schiff übersetzen.

Karten/Literatur

Neben einer Straßenkarte (die uns hilft, ursprüngliche Gebiete anzusteuern) habe ich stets die englischen Seekarten (Maßstab ca. 1:150.000) benutzt, da sie im Unterschied zu den deutschen Seekarten genau zeigen, ob eine Bucht Sandstrand aufweist und damit für uns Paddler Landemöglichkeit bietet.

Paddelspezifische Literatur gibt es über diese Küste m.W. nicht. Ein Naturführer (z.B. ‚Blumen am Mittelmeer', BLV-Verlag) kann das Erlebnis vertiefen.

Die heißesten Mittagsstunden verbringt man am besten mit Muße im Schatten.

Die Bucht von Navarino. In dieser friedlichen Landschaft wurde 1827 die türkisch-ägyptische Flotte geschlagen und damit die Befreiung Griechenlands von der türkischen Herrschaft ermöglicht.

Olympia von südlicher Vegetation umgeben, vermittelt uns ein idyllisches Bild, das wahrscheinlich der antiken Wirklichkeit nicht entspricht.

In Griechenland ist das Leben oft noch beschaulich. Maultier und Esel sind noch immer wichtige Transportmittel.

In den engen Gassen von Kerkyra (Corfù). Die Stadt ist architektonisch stark von Italien beeinflusst.

Bei Navarino stehen diese eindrucksvollen Burgruinen, die nacheinander von Kreuzrittern, Venezianern und Türken beherrscht wurden.

Sardische Küstenfahrt

Manchmal träume ich davon – am Arbeitsplatz, wenn es einmal ringsum besonders grau ist, oder auch während eines nordischen Urlaubs, wenn der Himmel grau und niedrig hängt: Eine Kajakfahrt auf kristallklarem Mittelmeer, brennende Sonne, bizarre Felsküsten. Vergessen sind dann auch überfüllte Autobahnen, teerverseuchte Strände, mit Urlaubergeschrei ausgefüllte Badebuchten, Kurzum: Wir befinden uns wieder auf der großen Fahrt in den Süden, die Sehnsucht nach dem Mittelmeer treibt uns voran. Drei Familien, drei Autos, 12 Kajaks, eigentlich hätten wir wissen müssen, dass dies kein geruhsamer Urlaub wird. Stunde um Stunde geht es voran, flimmernde Hitze auf der Straße, Schlagbäume, Zelte in einem grünen Schweizer Hochgebirgstal, verbissener Kampf mit italienischen Tanklastzügen auf der Autostrada, schließlich Einflug nach Genua über schwindelerregende Autobahnbrücken, erster Blick aufs Mittelmeer.

Auf der Suche nach dem Unerschlossenen

An Bord eines der großen Fährschiffe nach Sardinien beginnt der eigentliche Urlaub. Das Meer ist wirklich so blau wie in den Kreuzfahrerprospekten und es gibt wirklich Delphine zu sehen, und der Sonnenuntergang ist wie ein Traum. Unsere Kinder denken allerdings erheblich praktischer: Einarmige Banditen werden gequält, Fahrstühle zum Versteckspielen umfunktioniert, und das Bordkino verhindert jeden Schlaf.

So erreichen wir anderntags die sardische Hauptstadt Cagliari. Nichts hält uns hier fest. Wir wollen ‚unsere Küste‘ erreichen!

Wie kommen wir darauf, ausgerechnet die südöstliche Ecke der großen Insel für unsere Küstenfahrt auszuwählen? Nun, es gibt ein Rezept, das sich auf den Lofoten ebenso gut bewährt hat wie in Jugoslawien: Auf einer Straßenkarte wird die Küstenstrecke ausgesucht, die am wenigsten ‚erschlossen‘ ist. Wenn dann noch gebirgige Küsten einige landschaftliche Reize vermuten lassen, stimmt das Rezept fast immer.

So gelangen wir südlich der Mündung des Flumendosa auf der großen Straße ‚Orientale Sarda‘ an die Küste, bevor diese Straße für lange Zeit in abgelegenen Bergtälern fern des Meeres weiterläuft. Ein endloser Sandstrand befindet sich noch fast im Urzustand. Der Horizont lockt durch ferne Vorgebirge und blaue Bergzüge zu Entdeckungen.

Herrliche Buchten und zornige Fischer

Diese Lagunenlandschaft, unterbrochen von Pinienwäldchen, mit einem wunderbaren weiten Sandstrand, ist schon eine Reise wert. Doch wir sind auf Wanderfahrt, nicht im Dauerlager. So verschwindet die umfangreiche Zeltausrüstung ebenso unter Deck wie Lebensmittel und Trinkwasser für eine Woche. Die bange Frage für uns ist: Wie weit werden unsere Kinder, zum ersten Mal auf einer solch großen Fahrt im eigenen Boot, unter glühender Sonne durchhalten? Diese Frage wird sehr schnell beantwortet: Nach wenigen hundert Metern sind zwei unserer Mädchen in der langen, harmlosen Dünung hoffnungslos seekrank. Es bleibt nichts anderes übrig, als wieder an Land zu gehen und das mühsam verstaute Gepäck wieder hervorzuholen. Wir sind uns völlig sicher, dass wir uns in der Länge der Tagesstrecken nur noch verbessern können. Und so entstehen unsere kleinen Zelte aufs neue, überdacht von großen weißen schattenspendenden Tüchern. Das Baden in der kristallklaren See, Tauchen und Kajakfahren in der Brandung entschädigen uns für die magere Tagesleistung. Doch am nächsten Tag liegt die See spiegelglatt unter gleißender Sonne, wir fahren an der hinter Strandwällen unsichtbaren Flumendosa-Mündung vorbei und gelangen an eine reizvolle, einsame, mit Macchia überzogene Bergküste. Eine traumhafte Bucht gehört uns ganz allein. So hatten wir uns unseren Urlaub vorgestellt.

Da nun eine sehr lange unbewohnte Küstenstrecke folgt, beschließen wir, mit drei Booten zur Flumendosa-Mündung zurückzufahren um Proviant zu beschaffen. Wir wollen den Flumendosa aufwärts bis in die Nähe des Ortes Villaputzu fahren, um die Unmengen von Proviant nicht auf der Straße schleppen zu müssen. Der Fluss versickert kurz vor der Mündung im Sand. Leider geht es uns wie Captain Cook bei seiner Annäherung an Tahiti: Kriegskanus kommen uns entgegen, besetzt mit zornentbrannten Fischern, die in uns Fischdiebe vermuten. Fischspeere und Dreizacke werden auf uns gerichtet, und alle Erklärungen nützen nichts, wir müssen zurück. So wird aus dieser (vermutlichen) Erstbefahrung des Flumendosa leider nichts. Stattdessen müssen fünf Kilometer Landstraße bewältigt werde

Radarüberwachung und Sarazenenturm

In den folgenden Tagen bekommt unsere zuvor beschriebene Methode, die reizvollsten Küstenabschnitte zu finden, einen starken Dämpfer. Die Landschaft ist wirklich einzigartig, die vorher studierten Landkarten enttäuschen uns nicht. Das Wasser ist sauber, die Strände fantastisch. Nur eines hatte uns die Karte verschwiegen: In der Cala di Murtos (Bucht der Toten) liegt ein Militärstützpunkt. Alle umliegenden Berge sind durch Radartürme verhunzt. Gleich hinterm Strand liegen hässliche Barackenlager. Um von Land nicht gesehen zu werden und so lästigen Kontrollen zu entgehen, fahren wir diese Bucht dicht unter Land aus, sozusagen unterm Radarschirm. Endlich finden wir dann wieder das, weshalb wir in den Süden fahren: eine Strandbucht, weißen Sand, das Wasser so durchsichtig, dass uns fast Schwindel ergreift, wenn wir auf den Grund blicken. Nach einigen Tagen Schwimmen, Schnorcheln und Umherstreifen in der Macchia erfasst uns wieder die Unruhe. Jeder Meter unseres Lagerplatzes ist erkundet, und in der blauen Ferne locken neue Vorgebirge.

Nach langer Paddelei in großer Hitze bietet uns schließlich eine Landzunge mit mächtigem Sarazenenturm den ersehnten Zeltplatz. Die ganze Insel Sardinien war bis in die Neuzeit hinein von zwei Feinden dauernd bedroht: von den nordafrikanischen Seeräubern, den Sarazenen, und der kleinen Stechmücke namens Anopheles. Beide Feinde bewirkten eine fast völlige Entvölkerung der Küstenregionen, die Sarazenen durch Raubzüge, die Mücken durch Malaria. Bei den häufigen Überfällen der Seeräuber zogen sich die Küstenbewohner früher in die uneinnehmbaren Sarazenentürme zurück, bis die beutegierigen afrikanischen Schiffe sich wieder entfernten. Gegen die Malaria ist man erst nach dem zweiten Weltkrieg zu Felde gezogen und hat sie mit Hilfe von DDT in die Flucht geschlagen (übrigens erfolgreich im Gegensatz zu ähnlichen Kampagnen in vielen tropischen Ländern).

Porphyr-Küste

Wir bewundern die Vielfalt der prächtigen Flora der Mittelmeerküste. Die Zahl der Blüten ist grenzenlos, obwohl der Höhepunkt des Blühens im Frühjahr liegt und jetzt im Sommer längst verklungen ist. Dabei verströmt die Macchia einen so intensiven Duft wie kaum eine andere Vegetationszone dieser Erde.

Die Küste südlich der kleinen Hafenstadt Arbatax ist bekannt wegen ihrer Porphyrfelsen, die braunrot schimmernd eine ungewohnte Farbnuance in die Landschaft bringen. Uns entzückt diese wilde Felsküste, aber unsere Kinder sehen es viel praktischer: Sie fahren immer wieder durch schmale Felskanäle, schieben die Boote schwimmend unter Felsüberhänge oder springen von Plateaus in das klare Wasser, dass es wie Sekt schäumt. Sie genießen die Landschaft auf ihre Art. Noch gehören uns diese schönen Meeresbuchten mit ihren warm leuchtenden Porphyrfelsen ganz allein. Wie lange noch?

Endlose Strände und quer durchs Land

Zur Abwechslung folgt jetzt wieder eine weite Strecke Lagunenstrand, weißer Sand gleißt bis zum Horizont. Stranddisteln und manches andere Gewächs, das wir von der Ostsee gewohnt sind, überziehen den Strand. Im Unterschied zur Ostseeküste zeigt das Wasser hier eine lebhaft hellgrüne Färbung von einem solchen Glanz wie ihn kein Swimmingpool erzeugen kann. Das Wasser ist dabei von einer milden Wärme, sodass die Kinder mit ihren Tauchmasken vollkommen glücklich sind und wir die im rauhen Norden schon fast wieder vergessene Kunst des Eskimotierens auffrischen können.

Noch einmal 25 Kilometer nördlicher steht an demselben endlosen Strand unsere kleine Zeltburg, die Zelte durch große Nesseltücher miteinander verbunden.

Von dem nahen Ort Lotzorai fahren wir am nächsten Morgen in aller Frühe mit dem Bus, stundenlang auf Bergstraßen kurvend, zu unserem Ausgangspunkt zurück, um die Autos nachzuholen. Unsere Reise nähert sich dem Ende.

Wir durchqueren mit dem Auto die ganze Insel zum Norden nach Porto Torres um von dort mit dem Fährschiff wieder Genua zu erreichen. Die Hoffnung allerdings, auf der Autofahrt noch einen Eindruck von der vielfältigen Landschaft Sardiniens zu bekommen, trügt. Einmal auf der heißen Landstraße, in dem engen Auto eingezwängt, verliert jede Landschaft sehr schnell ihren Reiz. Zu schnell sind wir an der etwas abseits der Straße gelegenen Nuraghe (die vorgeschichtlichen Bauwerke Sardiniens), die wir eigentlich besichtigen wollten, vorbeigefahren. Nur eine einsam gelegene Kirche im pisanischen Stil beeindruckt uns sehr.

Nur zu schnell sind wir wieder in dem Getriebe des Fährhafens und sind froh, die Autos an Deck rollen zu können.

So endet diese Reise damit, dass in der Ferne das märchenhafte Bild eines italienischen Hafens mit Schiffen, Palästen, fernen und noch ferneren Gebirgszügen auftaucht und sich die Bewunderung dieses Bildes beim Näherkommen langsam in Ernüchterung verwandelt, in dem Maße wie aus dem glasklaren Wasser langsam trübes, öliges Hafenwasser wird.

Wunderbare Kiesbuchten gehören uns ganz allein.

Kurzinformation

Allgemeines

Sardinien war bis in die 60-er Jahre eine der ursprünglichsten Landschaften Europas mit archaischen Lebensformen. Dies hat der Tourismus zum größten Teil zerstört. Dennoch ist Sardinien für den Wanderpaddler wegen der abwechslungsreichen Küstenlandschaft immer noch interessant.

Landschaft

Die sardische Küstenlandschaft könnte Vorbild vieler mittelalterlicher italienischer Landschaftsmaler gewesen sein; sie ist höchst malerisch. Schroffe Vorgebirge wechseln mit Lagunenlandschaften, weite Strände mit unzugänglichen Steilküsten. Unverbaut und frei vom Urlaubergewimmel sind die Küstenabschnitte, zu denen keine Straßenzugänge bestehen. Leider ist ein großer Teil der Nordostküste von Hotelbauten der Luxusklasse (Costa Smeralda) ‚erschlossen'. Großartige Landschaften finden sich nach wie vor im Inneren der Insel, vor allem im Bergmassiv des Gennargentu.

Sehenswert

Viele der Dörfer und Kleinstädte bieten den Anblick unverfälschter mediterraner Bauweise. Eine archäologische Besonderheit sind die ‚Nuraghen', steinzeitliche Wohntürme, aus großen Steinblöcken ohne Mörtel errichtet. Sehenswert sind auch viele der im pisanischen (romanischen) Stil erbauten Kirchen.Die Sarden sprechen übrigens (neben italienisch) eine eigene romanische Sprache. Es sind sehr stolze und zugleich gastfreundliche Menschen. Jeder Ort in Sardinien hat – meist im Herbst – ein großes Fest, begleitet von altüberlieferten Gebräuchen.

Klima

Mittelmeerklima, vergleichbar mit Süditalien, d.h. trockene, heiße Sommer und Niederschläge im Winter. Schönste Paddelzeit ist – wie überall im Mittelmeer – wegen der Blütenpracht und der noch erträglichen Temperaturen das Frühjahr (April und Mai).

Verkehrsmittel

Autofähren von Genua, Livorno, Civitavecchia und Neapel, Flughäfen in Cagliari, Alghero und Olbia. Auf der Insel gibt es eine Nord-Süd-Eisenbahn. Hauptverkehrsträger ist aber das gut ausgebaute Omnibusnetz.

Ausrüstung / Gefahren

Da der Paddler meist der Küste folgen kann, ist Sardinien auch für Anfänger im Seekajakfahren zu empfehlen. Bei rauhem Wetter – im Sommer recht selten – muss eben Warteposition bezogen werden. Wegen der südlichen Sonne erleichtert ein Sonnensegel das Lagerleben erheblich. Die Küstenpaddelei lässt sich mit jeder Art von Kajak, sofern mit Fußsteuer ausgerüstet, machen.

Karten / Literatur

Genaue, großmaßstäbliche Landkarten sind schwer zu bekommen und eigentlich auch nicht nötig. Eine gute Straßenkarte reicht im Allgemeinen. Neben einem Reiseführer sollte ein Mittelmeer-Naturführer nicht fehlen.

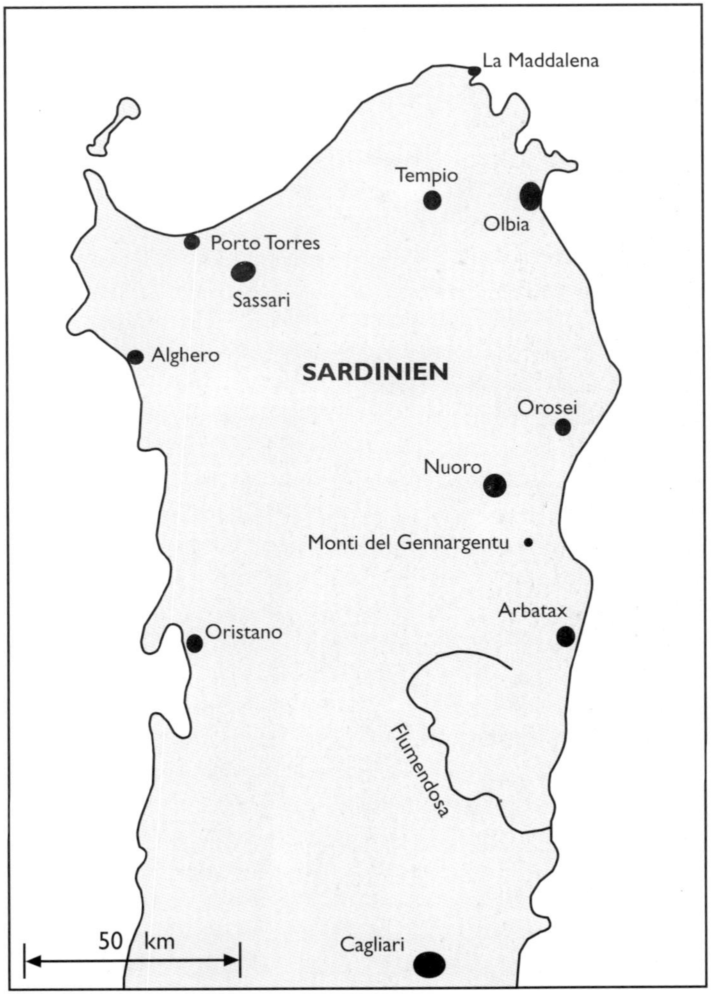

Myrte in der Macchia

Rechts
Küste bei Arbatax. Weiter Strand, farbige Felsen und im Hintergrund ein schroffes Vorgebirge machen den Reiz dieser Landschaft aus.

Im Inneren der Insel treffen wir auf stilreine sardische Bergdörfer (hier: Berutta).

Faltboot in Lykien

Wo Lykien liegt? Zwischen Karien und Pamphylien... Halt, das sind Begriffe, die Archäologen und Historikern viel, den meisten von uns aber kaum etwas sagen. Im modernen Touristendeutsch heißt es ‚eine der reizvollsten Küstenlandschaften der Türkei, an den Südabhängen des Taurus-Gebirges, zwischen Antalya ‚und Marmaris gelegen'. Doch ist der Rückgriff auf die antiken Namen hier durchaus angebracht, denn diese Landschaft zeichnet sich neben der Naturschönheit durch Bauwerke und Ruinenstädte der Lykier aus, die eine der Hauptsehenswürdigkeiten sind. Keinem Wasserwanderer, der an Lykiens Küsten entlangfährt, entgehen die zahlreichen Bauwerke und Steingräber aus antiker Zeit. Ja, der Wanderer hat hier viel mehr als in Griechenland das Gefühl, selbst noch Entdecker zu sein, da die meisten alten Bauwerke einsam in der Landschaft liegen, manchmal von Vegetation überwuchert oder vom Dünensand verschüttet. Dies alles findet man in einer Landschaft, die am Mittelmeer ihresgleichen sucht: Das Taurusgebirge, das diese Küste begleitet, erhebt sich zu Höhen von bis zu 3000 Metern, so dass der Blick zuweilen von glutheißer Küste zu schneebedeckten Berggipfeln reicht. Allerdings müssen wir uns mit unserer Reise beeilen, denn auch hier ist der Tourismus im Begriff, einmalige Landschaften zu zerstören.

Wie nun aber hinkommen in diese ferne türkische Provinz? Sehr einfach: Heute morgen noch standen wir in Düsseldorf auf dem Flughafen. Jetzt, am gleichen Tage spät abends liegen unsere Faltboote in einem kleinen Hotel in Fethiye.

Dazwischen liegt ein atemberaubend schöner Flug über die Alpen, den Balkan, die Agäis mit ihren vielen Inseln und durch das wilde Taurusgebirge nach Antalya. Auch eine siebenstündige Fahrt mit dem gecharterten Kleinbus durch die lykische Berglandschaft liegt hinter uns. Wir sind also doch einigermaßen gerädert, aber immerhin an einem Tag hierhergekommen.

Am nächsten Morgen entstehen drei Zweierfaltboote zum Erstaunen der türkischen Einwohner. Vom nahen Markt werden Unmengen an Gemüse, Obst, Brot und Lebensmitteln in die Boote gestopft, dann für jede Mannschaft noch 40 Liter Trinkwasser und ab geht die Reise. Über den hohen Taurusbergen türmen sich hohe Kumuluswolken. Regen darf es allerdings nicht mehr geben, denn wir haben im Vertrauen auf die Klimastatistik die Zelte zuhause gelassen und stattdessen Sonnensegel dabei. Von Fethiye wollen wir in aller Muße die Küste südostwärts nach Antalya zurückpaddeln, um dort wieder ins Flugzeug zu steigen. Zunächst aber kreuzen wir den Golf von Fethiye nach Norden, bewundern die immer wechselnde Bergkulisse und landen an unserem ersten einsamen Strandplatz in paradiesischer Landschaft. Mächtige Pinien bieten Schatten, im Hinterland gibt es eine Lagune mit Süßwasser, Schildkröten rascheln im Gras und ein feiner Kiesstrand wird von sanfter Brandung der unwirklich grünen See bespült. So finden wir gleich zu Beginn unserer Seefahrt die Romantik und Schönheit von der wir zuhause geträumt hatten. Anderntags queren wir bei ruhiger See den Golf von Fethiye. Wir haben – wie so oft schon am Mittelmeer – das Erlebnis, nirgends an Land kommen zu können. Hinter jedem Felsvorsprung entdecken wir nur immer wieder unzugängliche Küsten. Um so größer ist dann aber die Freude, eine wunderschöne Kiesbucht vor senkrechter Felskulisse zu finden. Anschließend kommt vor gewaltiger Bergkulisse das Paradestück türkischen Tourismus, das Olü Deniz (totes Meer), eine Bucht mit enger waldbestandener Einfahrt, von Fethiye aus auf einer Strasse erreichbar. Da uns nicht der Sinn nach touristischer Erschließung steht, fahren wir weiter nach Süden und gelangen zu einsamen, bewaldeten Buchten in der Nähe der ‚Sieben Kaps'. Hier kommen wir aus dem Bereich der Ägäis mit ihren Windsystemen heraus ins ‚Ak Daniz', dem weißen Meer der Türken. Die zauberhaften Buchten verweigern sich durch ihre Brandung meist größeren Booten, sodass wir sie völlig für uns allein haben. Die Landung setzt allerdings eine Technik voraus, die darin besteht, dass alle Bootsinsassen außerhalb der Brandung über Bord springen und die mit Lukendeckeln verschlossenen Boote schwimmend durch die Brandung bugsieren.

Die türkische Südwestküste gewinnt sehr durch den Wechsel der Landschaften. Nun folgt auf die vielen Kaps und Bergküsten die Schwemmlandebene des Flusses Xanthos. Das Wort ist griechisch und beißt ‚blond'. Die Mündung des Flusses ist in der Tat wie ein lehmgrauer Pilz gegen die grüne See abgesetzt. Die Lehm- und Sandbestandteile werden von der Brandung auf die Küste zurückgeworfen und bilden einen unübersehbaren Sandstrand, der sich weiter südöstlich zu hohen Dünen auftürmt, die schließlich sogar die Berge im Hintergrund teilweise zuschütten. Verschüttet wurde auch eine der bemerkenswertesten Städte aus dem Altertum: Patara. Zur Römerzeit standen hier die größten strategischen Getreidespeicher Kleinasiens. Heute noch kündet ein vom Sand halb verschüttetes Amphitheater und ein gut erhaltenes römisches Stadttor von einstiger Größe. Die Ruinenstadt ist von Sand und Vegetation überwuchert. Kein Zaun oder Museumsbetrieb stört die Einheit von Landschaft und Antike.

Ohne Sonnensegel geht mittags gar nichts.

Kinder in Patara

Ein wütender Südsturm lässt jetzt allerdings auch uns und unsere Faltboote unter dem Sand verschwinden. Meterhohe Brandung hält uns an der unwirtlich werdenden Küste gefangen. Zu allem Überfluss erscheint am Abend ein Museumswächter, ein uniformierter und pistolenbewaffneter Mensch, der unser sofortiges Verschwinden anordnet, da Übernachtungen im antiken Gelände verboten seien. Von Seefahrt scheint der gute Beamte nichts zu kennen, denn er will nicht verstehen, daß uns die Brandung die Weiterfahrt unmöglich macht. Schließlich muß er sich aber doch unverrichteter Dinge entfernen, nicht ohne uns für den nächsten Morgen den Zwangstransport mittels ‚Traktör' anzudrohen. Später bestätigten uns Türken, dass noch heute – wie zu Zeiten Kara Ben Nemsis – die kleinen türkischen Beamten die lästigsten Hindernisse für den Reisenden abseits der Hauptstrecken darstellen. Der Wind ist zum Glück am nächsten Morgen eingeschlafen. Uns steht die größte Tagesetappe dieser Reise, nämlich bis zur Stadt Kaş, bevor. Abfahrt also frühmorgens, auch um dem ‚Traktör' zuvorzukomen. Die steile Felsküste bis Kaş ist nirgends zum Anlanden geeignet und schreckt zusätzlich durch eine in den Hang eingesprengte Hauptstraße ab. So fahren wir an einigen steilen, malerischen Inseln vorbei zum Hafen von Kaş, gegenüber der griechischen Insel Kastelorizon (Megiste).

In Kaş finden wir neben dem schon fast selbstverständlichen Amphitheater auch die typischen lykischen Steinsärge, und zwar mitten in der Stadt. Diese Steinsarkophage werden nun immer häufiger; zeitweise sind die Berge mit ihnen übersät. Einige stehen sogar im Wasser und können mit dem Boot umrundet werden.

Hinter der Inselwelt von Kekova wird die See plötzlich sehr rau. Trotz weißschäumender Brecher fahren wir weiter, da wir zum Strand von Demre wollen, um dem heiligen Nikolaus einen Besuch abzustatten. Nikolaus, in Patara im vierten Jahrhundert geboren, war Bischof in Myra an dieser lykischen Küste. Die Kirche, an der Nikolaus wirkte, ist heute, 1600 Jahre danach, noch zu besichtigen, wenn auch das Bauwerk in späteren Jahrhunderten immer wieder verändert worden ist. Nikolaus war (und ist noch) Schutzheiliger von Kindern, Räubern, Seefahrern, Kaufleuten und Gelehrten. Da wir einige dieser Berufsbezeichnungen auch auf uns beziehen, wollen wir ihm unsere Reverenz erweisen. Zunächst muss er uns aber aus schlimmer Seenot erretten: Als wir uns der wunderschön geschwungenen Bucht nähern, werden die schäumenden Brecher immer höher und bauen sich langsam zu einer furchterregenden Brandung auf. Unser Zweierfaltboot, ein sonst eher behäbiges und Sicherheit ausstrahlendes Boot, beginnt sehr rasant zu surfen. Wir nehmen rasende Fahrt auf, der Bug unseres Schiffes bohrt sich immer tiefer in das Wellental vor uns, bis meine bessere Hälfte ihre Proteste und Verwünschungen einstellen muss – weil sie bis zur Nase im Wellenberg verschwindet. Dank Nikolaus Hilfe erreichen wir aber unbehelligt den wunderschönen, weichen Strand. Eines unserer Boote, auch ein Aerius-Zweier, hat die Landung allerdings nur kieloben geschafft. Unser bisher grenzenloses Vertrauen zur Seefestigkeit dieser Boote ist nun doch erschüttert.

In Myra gibt es nicht nur die Kirchenruine sondern natürlich auch ein Amphitheater und viele lykische Gräber zu besichtigen. Besonders eindrucksvoll sind die in die Felswand gehauenen Grabkammern, die mit vielen lebensgroßen Relieffiguren geschmückt sind.

Auf Finike, einer kleinen Stadt mit großem Hafen, folgt wieder eine Flachküste, leider zunächst auf langer Strecke von einer Hauptstraße gesäumt, dann mit vielen Laubhütten versehen. Hier entgehen die türkischen Dorfbewohner der Sommerhitze. Am Ende der Bucht schließlich finden wir einen einsamen Zeltplatz. Ein Bauer findet dennoch den Weg zu uns, nicht ohne einen Arm voll Gemüse als Gastgeschenk mitzubringen. Am meisten erstaunt ist er über unseren riesigen Kaffeekessel, trinkt man doch in der Türkei den Kaffee nur fingerhutweise. Wir haben uns auf dieser Fahrt schon oft über die für uns unfassbare Gastfreundschaft der einfachen Menschen gewundert.

Vor uns liegt jetzt das Kap, hinter dem der Golf von Antalya beginnt. Unser Kurs wendet sich dann nordwärts, einer einsamen, bewaldeten Felsküste entlang. Hier werden die landschaftlichen Schönheiten noch einmal zum Höhepunkt unserer Reise.

In Kemer, 40 km vor Antalya, beenden wir unsere Faltbootreise. Hier beginnt der Massentourismus, ein großer Handelshafen folgt, und danach führt die Hauptstraße direkt am Strand entlang, so dass wir es vorziehen, die Stadt mit dem Auto zu erreichen.

Am nächsten Mittag sind wir wieder am Flughafen und kurven dann um Kumulusstürme durch das Taurusgebirge, schauen hinunter auf die im gleißenden Silber der Ägäis schwimmenden Inseln und sind ein paar Stunden später wieder – ganz heimatlich – auf regennasser deutscher Autobahn.

Kurzinformation

Allgemeines

Auch diese Fahrt liegt schon Jahre zurück: 1983. Es war damals eine vom Massentourismus diktierte Flucht in immer fernere Ecken des Mittelmeeres. Näher liegende Küsten wurden systematisch vermarktet und damit für uns Kajakfahrer zunehmend uninteressant. Inzwischen hat diese Entwicklung auch auf die türkische Südküste übergegriffen. Orte wie Marmaris oder Kemer sind heute ihres einstigen Reizes weitgehend beraubt. Aber noch ist zwischen den

Wahrzeichen von Antalya ist das Yivli Minare.
Jenseits des Golfs von Antalya erhebt sich die eindrucksvolle Gebirgskulisse des Lykischen Taurus.

Einsame Bucht bei den sieben Kaps. Hier geht die Ägäis in das ‚Weiße Meer' (Ak Deniz) der Türkei über. Die Berghänge des Taurus sind dicht bewaldet, ein im Mittelmeer seltener Anblick.

Hotelhochburgen mehr Natur übriggeblieben als an manchen anderen Mittelmeerküsten. Als Wasserwanderer sind wir zudem in der glücklichen Lage, diese unverdorbene Natur sehr viel besser aufspüren zu können als der Normaltourist.

Landschaft

Die lykische Küste ist eine der vielgestaltigsten des Mittelmeeres: Große Schwemmlandebenen mit feinstem Sandstrand wechseln mit Gebirgsküsten, die von traumhaften Kiesbuchten unterbrochen werden. Das Taurus-Gebirge reicht an die 3000 Meter heran, ein wesentlich imposanterer Anblick als die meisten anderen Gebirgsküsten dieses vielgestaltigen Meeres. Im Frühsommer bildet Schnee auf den Bergspitzen einen reizvollen Kontrast zu den heißen Stränden. Die Berge sind zudem dicht bewaldet, am Mittelmeer ein ungewohnter Anblick.

Sehenswert

Von den landschaftlichen Schönheiten abgesehen, gibt es eine Fülle sehenswerter antiker Ruinen und Bauten, oft malerisch in die Landschaft eingebettet. Ganz kurz in Stichworten (von West nach Ost): Kaunos, Tempelgräber in Felswand, ebenso in Telmessos (Fethiye), Patara: eine komplette Ruinenstadt, teilweise unter Dünensand begraben, Xanthos (einige km landeinwärts: Grabmonumente, römisches Theater, Kaş: Sarkophag mitten im Ort, Simena: Johanniterburg, antikes Theater, steinerner Sarkophag im Meer, Myra: Felsgräber mit Reliefs, griechisches Theater, Kirche des heiligen Nikolaos, Andriake: römische Kornspeicher, Olympos und Phaselis: antike Ruinenstädte, vom Buschwald überwuchert.

Zeugen der hochentwickelten Grabkultur finden sich überall in der Landschaft. Neben den genannten Orten gibt es eine Vielzahl weiterer antiker Stätten in den Bergen. Schließlich bietet Antalya typische türkische Stadtbilder.

Klima

Mittelmeerklima, aber noch heißer als Griechenland. Durch das nahe Hochgebirge auch im Sommer gelegentlich Gewitter mit heftigen Niederschlägen. Der für Griechenland typische Meltemi (Nordwind) reicht meist nicht bis hierher. Gelegentlich kräftige Südwinde mit Schlechtwetter.

Verkehrsmittel

Großflughäfen in Dalaman (bei Marmaris) und Antalya. Auf der Küstenstraße Busverkehr. Mit Taxi oder gechartertem Kleinbus ist jeder Einsatzpunkt an der Küste erreichbar. Schiffsverbindung von Rhodos nach Marmaris. Türkische Schiffahrtslinie entlang der Küste (kein täglicher Verkehr).

Ausrüstung / Gefahren

Seekajakausrüstung oder Faltboote. Genügend Verpflegung und Trinkwasser mitführen. Sonnensegel für Strandlager sehr empfehlenswert. Paddeltechnisch ist die Fahrt entlang der Küste unproblematisch, sofern keine allzugroßen Überfahrten geplant werden und gelegentliche Starkwinde an Land abgewettert werden; insofern auch für Anfänger geeignet.

Karten / Literatur

Englische Seekarten geben exakte Auskunft, ob Felsufer oder Sand/Kiesstrand: Für uns Paddler von entscheidender Bedeutung. Keine Wassersportliteratur (außer für Segler). Sehr empfehlenswert der Bildband über die antiken Sehenswürdigkeiten: Wagner/Klammet, ‚Die türkische Südküste', Verlag Kohlhammer. Im gleichen Verlag: Bean, Kleinasien, Lykien, Kunstreiseführer'. Daneben eine Vielzahl von allgemeinen Reiseführern.

Oben: In Antalya hat man das Taurusgebirge direkt vor sich.

Links: Wenn man die von Vegetation überwucherten Felswände etwas genauer anschaut, treten die überlebensgroßen Reliefs zweier nackter Krieger hervor. Sie stammen aus dem 2. Jahrhundert n. Chr. und befinden sich über den Felsengräbern von Myra (Kale).

Unten: Römische Kornkammern in Patara, wichtiges Nachschublager für die Feldzüge in Kleinasien.

Dalmatinische Inselfahrt

Vorbemerkung

Urplötzlich peitscht die Bora das Meer. Unser Zelt steht auf der karstigen Insel Pag. Nur mit Mühe können wir es vor dem Wegfliegen bewahren. Wehe dem Kajakfahrer, der jetzt noch auf See ist.

Zu lange liegt die nachstehend beschriebene Reise zurück um sie dem Leser unkommentiert vorzusetzen.
Deshalb diese kurze Einführung:

Ich habe diese Fahrt mit einem Freund im Jahre 1960 unternommen, als sich die Grenzen des damaligen kommunistischen Jugoslawien noch nicht lange dem Tourismus geöffnet hatten. So fanden wir in Dalmatien eine heile Welt vor, bewohnt von liebenswerten, gastfreien Menschen, und noch fast unberührt von der sich erst langsam aufbauenden teutonischen Urlauberwelle. Dies hat sich dann in späteren Jahren gründlich geändert, sodass diese Reisebeschreibung sicher kein Reiseführer für heutige Fahrten sein kann.

Bora zur Begrüßung

Wir wissen wohl, dass Ende April bis Mitte Mai eine etwas frühe Jahreszeit für die Befahrung der dalmatinischen Adriaküste ist. Doch dass uns in Rijeka gleich die Bora begrüßt, ist eine wenig erfreuliche Überraschung. Die Bora, ein Fallwind, der von den Karstbergen Kroatiens mit großer Gewalt aufs Meer hinunterfegt, tritt vor allem im Frühjahr auf und kann die Entwicklung der Vegetation wegen der Kälte, die er mitbringt, wesentlich verzögern. Wir schieben unsere Bootswagen vom Bahnhof durch die Straßen Rijekas. Noch sind zwar keine Haltetaue durch die Straßen gespannt, wie ich es in Triest einmal gesehen habe, doch heult der Sturm schon mit Orkangewalt um die Häuser. Absolut kein Wetter zum Faltbootfahren! Wir bauen dennoch unsere beiden Einer auf, weil wir hoffen, wenigstens dem recht unsympathischen Rijeka zu entfliehen und das Abflauen der Bora in einer schönen Zeltbucht abwarten zu können.

Wir finden zwar die gesuchte Bucht, wissen nun aber auch, dass Faltbootfahren bei Bora so gut wie unmöglich ist. Schon wenige Meter von Land entfernt, scheint das Meer zu kochen, jede kleinste Bucht muss unter großen Schwierigkeiten, Meter für Meter gegen die Böen ankämpfend, genommen werden. Später sehen wir von Land aus einen gewaltigen, von einer Bö vorwärtsgepeitschten Wasserschleier über die Bucht jagen. Die Fischer in Rijeka hatten wahrhaftig recht, als sie uns sagten, dass die Bora jedes Befahren der See unmöglich macht.

Zwei Tage später ist das Wetter wieder ruhig, und wir fahren zur Insel Krk hinüber. Es gibt für die Befahrung Dalmatiens verschiedene Routen, die alle ihren eigenen Charakter haben. Wir haben vor, die äußerste Inselkette Dalmatiens entlangzupaddeln, meist mehr als 40 Kilometer vom Festland entfernt. Die Überfahrten von einer Insel zur anderen sind nie länger als 30 Kilometer, sodass sich die Wetterlage während der Fahrt noch einigermaßen vorhersagen lässt. Die Inseln, die wir von einer Dampferfahrt schon zu kennen glauben, bieten uns so viel Neues, Überraschendes, und jedes Erlebnis wird bis zum letzten Tage durch immer großartigere Eindrücke übertroffen. Zum Schluss behaupten wir, Dalmatien ist überhaupt nur vom kleinen Boot aus zu erleben, alles andere bleibt flüchtige Bekanntschaft. Als Nordländer fesselt uns besonders die südliche Vegetation. Von weitem scheinen die Inseln oft aus nacktem Gestein zu bestehen, doch zeigt sich beim Näherkommen zumindest ein Zwerggestrüpp mit reichhaltiger Blumenflora. Die meisten Inseln sind mit wilder Macchia bedeckt oder gar von Wäldern überzogen. Am nacktesten, damit aber landschaftlich auch am eindrucksvollsten, sind die Kornaten und Dugi Otok in Mitteldalmatien.

Gebirgige Inseln und wieder Sturm

Die Insel Krk dient uns auch als Stützpunkt für die Weiterfahrt nach Cres. Das zunächst unaussprechliche Krk verbindet sich jetzt mit Erinnerungen an wunderbare Hainbuchenwälder, Alpenveilchen, meterhohen Siegwurz und duftende Macchia.

Cres! Bevor wir diese große Insel erreichen, nimmt uns eine Herde Delfine in ihre Mitte. Schnaubend tauchen rings um uns herum die mächtigen Tiere auf, oft schwimmen zwei Tiere synchron nebeneinander, alle Bewegungen aufeinander abgestimmt.

Cres ist im Nordteil eine hohe, steil aus dem Meer aufsteigende Bergkette, an deren Fuß kleine Geröllbuchten zum Lagern einladen. Da unser Proviant Ergänzung bedarf, steigen wir zu dem in 300 Metern Höhe malerisch am Hang gelegenen Dorf Predošćica hinauf. Obwohl es keinen ‚dućan' (Kaufmann) gibt, erhalten wir alles Gewünschte. Man ist freundlich und hilfsbereit.

Der mittlere Teil von Cres zeigt sehr interessante, meist steil ins Meer abfallende Felsküsten, in denen Kolkraben und Krähenscharben nisten. Hier lernen wir auch den Thunfischfang kennen. Wie lange Gardinen hängen Netze an Korkschwimmern; man hatte einen Thunfischschwarm eingekreist, die Kutter mit starken Trossen an die Felsen vertäut, und dann beginnt das Einholen der Netze. Wir fahren mit unseren Booten in die Netze hinein und sehen dort einen aus Hunderten mächtiger Fische bestehenden Schwarm von einer Ecke in die andere toben.

Über Lošinj und Premuda wollen wir nach Ist fahren. Premuda ist eine der verlassensten Inseln der kroatischen Küste. Später stellen wir fest, dass auf der Außenseite einer der besten Häfen für die Fischer dieser Inselgruppe liegt: Wie ein gewaltiger Walrücken zieht sich eine glatte Felsbarriere dicht vor der Küste entlang, ein natürlicher Wellenbrecher.

Den Schrecken der Bora noch in den Knochen, haben wir fast vergessen, dass es an dieser Küste andere, ebenso gefährliche Stürme gibt. Die Menschen am Mittelmeer empfinden die Winde noch als Wesenheiten, sie sprechen in respektvollem Ton von der Bora, sie sehen in dem Scirocco eine Plage des Himmels und wünschen sich stattdessen den aus Südost, meist vormittags wehenden Furial, der nachmittags vom Maestral, einem frischen Nordwestwind, abgelöst wird. Wir sollen jetzt Bekanntschaft schließen mit einem Schlechtwetterwind: dem Jugo, wie der Name sagt, auch ein Südwind. Das Meer beginnt langsam zu tanzen, als wir die kleine Insel Skarda ansteuern. Nur ein paar Macchia-Berge, wenige Häuser in einer Bucht und schroffe Felsküsten. Der Sturm wird so stark, dass wir nur noch zentimeter-

Wer die nordkroatische Inselwelt zum ersten Mal erblickt, ist erschrocken über die Wildheit der nackten Felslandschaft, aber auch entzückt über glasklares Wasser, das zum Schwimmen und Tauchen einlädt.

Nicht immer zeigt die Adria ein so ruhiges Bild. Hier aber fällt alle Unrast von uns ab und wir genießen den Frieden der Natur.

weise vorwärts kommen. Unsere Boote beginnen zu klatschen und zu stampfen, gerade noch erreichen wir eine kleine Bucht mit Kiesstrand. Die Boote 20 Meter den Strand hinaufgezogen, warten wir einen ganzen Tag auf das Abflauen des Sturms. Aber am nächsten Morgen müssen wir die Boote noch einmal 20 Meter höher ziehen, die Wellen hatten gewaltige Ausmaße angenommen. Ich hatte nie zuvor ein so wildes Meer gesehen, obwohl mir auch die Nordsee oft schon Respekt eingeflößt hat. Wie riesige Glasberge recken sich die Wellen empor, schlagen krachend gegen die Felsen und spritzen ihre weiße Gischt 30 Meter in die Höhe. Einige kleine Inseln kann man überhaupt nur noch daran erkennen, dass das Meer an diesen Stellen schneeweiß gefärbt ist. Vor wenigen Tagen hatten wir selbst noch auf einem solchen winzigen Eiland gezeltet.

Zum Glück können wir uns in dem kleinen Dorf mit Lebensmitteln und Trinkwasser versorgen. Noch einmal müssen wir die Boote weiter in die Macchia hinaufziehen.

Farbige Inselwelt

Unsere weitere Fahrt geht an Ist vorbei direkt nach Dugi Otok, der ‚langen Insel'. Das Meer zwischen diesen weit vorgelagerten Inseln und dem Festland gleicht einem riesigen Binnensee. Zur Linken leuchtet – bleich wie eine Mondlandschaft – die fast 2000 Meter hohe Karstkette des Festlandes herüber, rechts erstreckt sich der auf- und abschwingende Bergzug von Dugi Otok. Das ganze ist eine wunderbare Lichtlandschaft, mittags in allen Blautönen, vom zarten Pastell fernster Inseln bis zum satten Tintenblau des um unsere Boote spülenden Meeres. Hinter Dugi Otok folgt ein Piratenschlupfwinkel besonderer Art: die Durchfahrt zwischen der ‚langen Insel' und Kornat. Die Bergwelt, hier nahezu ohne Vegetation, umschließt ein Labyrinth kleiner Buchten, aus denen es keinen Ausweg zu geben scheint. Um so unvermuteter sind wir plötzlich wieder auf dem offenen Meer, das nun einen ganz anderen Anblick bietet als auf der Inselrückseite: Gewaltige buntgefärbte Felswände erheben sich senkrecht aus dem bewegten Meer. Es gibt hier einige Inseln, die es an Großartigkeit der Felsbildungen wohl mit Capri aufnehmen können. Und doch verirren sich hierher nicht viele Fremde, denn die Inseln liegen weitab von jeder Dampferroute.

Da es bei unserem Start von den letzten Inseln des Kornaten-Archipels bereits spät ist, nehmen wir Kurs auf das 20 Kilometer entfernte Inselchen Blitvenica, das einen Leuchtturm besitzt. Doch dank kräftigem Wellenschub von hinten erreichen wir die Insel noch vor Sonnenuntergang. Leider ist die Insel, wie wir schon von weitem erkennen, mit militärischen Anlagen versehen, sodass wir noch rechtzeitig abdrehen können. Aus verschiedenen Situationen wissen wir, dass mit den Militärs nicht zu spaßen ist; oft enden lange Verhöre mit Beschlagnahme von Filmen. Vor der Insel Žirje liegt noch ein winziges Eiland, leider aber ohne Landemöglichkeit. So müssen wir im Dunkeln bei bewegter See auf Žirje eine schwierige Landung auf schräger Felsplatte ausführen, was mit einigem Risiko verbunden ist, da die Felsen in der Wasserlinie stets messerscharf sind.

Lange Überfahrten

Die langen Überfahrten haben trotz einer gewissen Monotonie einen Reiz. Wer erlebt hat, wie schnell sich der Seegang durch nur geringes Auffrischen des Windes aufbauen kann, weiß, wie wichtig es ist, während der Fahrt das Wetter genauestens zu beobachten. Sehr ungewohnt war uns zunächst auch, stundenlang auf ein Ziel zu steuern, das sich kaum nähern will. Nur an einigen Details, etwa dem Auftauchen der weißen Brandungslinie, ist die Annäherung zu erkennen. Zuerst machten wir den Fehler, die Winde nicht richtig zu nutzen. So fuhren wir morgens mit Mühe gegen den Furial an um nachmittags am Lagerplatz einen wunderbaren Maestral ungenutzt wehen zu lassen.

Nach längerer Überfahrt erreichen wir Primošten, seit Rijeka die erste Festlandsberührung. In diesem abgelegenen Ort sehen wir noch häufig die schönen dalmatinischen Trachten. Erwähnen muss ich bei dieser Gelegenheit auch die dalmatinischen Gesänge. Die Jugoslawen sind eines der sangeslustigsten Völker, und noch hat das Radio nicht – wie leider in Griechenland – den allgegenwärtigen Gesang verdrängt. Alle Lieder haben einen etwas melancholischen Unterton, wie es slawische Eigenart ist.

Die Kahlheit vieler Inseln im Mittelmeer verursachten die Schafe und Ziegen, in Dalmatien aber auch die Bora. Kein römischer oder venezianischer Schiffbauer hätte es je vermocht, diese riesigen Küstengebiete restlos abzuholzen. Dagegen kann man überall sehen, mit welcher Präzision vor allem die Ziegen jede emporwachsende Pflanze kahlfressen, es sei denn, sie ist stachelig oder giftig. Will man die ursprüngliche Pflanzenwelt dieser Adriainseln sehen, muss man entweder ins Innere der großen Inseln gehen oder eines der ganz kleinen Eilande anlaufen, auf denen sich die Weidewirtschaft nicht lohnt.

Eine solche winzige Insel in der Nähe von Rogoznica bietet uns am Abend einen Lagerplatz inmitten üppig blühender Kräuter. Da wir Split bereits kennen, fahren wir direkt nach Drvenik hinüber. Wir landen in einer Bucht, in der das angespülte Neptunsgras mehrere Meter hoch geschichtet ist. Die Dorfbewohner von Mali Drvenik, die noch keinen Fremdenverkehr kennen, begrüßen uns neugierig. Das ganze Dorf und die Einrichtung der Häuser sind von jeglicher moderner Zivilisation verschont geblieben.

Von Veli Drvenik nehmen wir direkten Kurs auf die Westspitze von Hvar, die in 35 Kilometern Entfernung schwach im Dunst sichtbar ist. Auf Hvar begegnen wir zum ersten Mal der Welle deutscher Touristen. Freilich ist Hvar eine einzigartige Stadt ohne jeden Missklang, wunderbar in ihrer landschaftlichen Lage und der Geschlossenheit des Stadtbildes.

Auf der weiteren Fahrt nach Dubrovnik, über Korčula und Mljet, durchqueren wir die subtropische süddalmatinische Inselwelt. Es sind hier nicht mehr die gewaltigen kahlen Felsbuchten, die uns begeistern, sondern Kiesstrände mit Pinienwäldern, die von Ferne den Eindruck eines üppigen Regenwaldes vermitteln.

Von Mljet aus ist in der Ferne schon der Hafen von Dubrovnik zu erkennen. Da wir nach so langer Einsamkeit begierig sind, die Stadt zu erreichen, fahren wir die 40 Kilometer dorthin in einem Vormittag, legen die Boote auf den Kai, betreuen einen Polizisten mit der Aufsicht und zuckeln mit der uns schon bekannten Straßenbahn in die Stadt hinein. Hier im Zentrum des jugoslawischen Fremdenverkehrs merken wir erst so recht, um wie vieles wir Dalmatien besser kennengelernt haben als der normale Reisende. Wir haben für die Fahrt von Rijeka nach Dubrovnik drei Wochen gebraucht, etwa so viel Tage wie der Dampfer Stunden benötigt.

Kurzinformation

Allgemeines

Dalmatiens Küsten waren schon in den Anfangszeiten des Kanusports eine der beliebtesten Langfahrten im Faltboot. Von Rijeka nach Dubrovnik zu paddeln, war für viele Paddler ein Traum, der auch erstaunlich oft verwirklicht wurde. Erschwert wurde eine solche Reise immer schon durch politische Unsicherheiten. Vor dem Krieg hatte Italien große Teile der Inselwelt annektiert, danach sperrte der jugoslawische Kommunismus zunächst die Reisetätigkeit. In den 60er Jahren begann dann die totale touristische Vermarktung dieser Küste, bis der Zerfall Jugoslawiens mit seinen Bürgerkriegswirren alles zum Erliegen brachte. Glücklicherweise blieb Dalmatien – mit Ausnahme Dubrovniks – vom Bürgerkrieg ziemlich verschont. Heute gehört die Küste fast ganz zu Kroatien und ist wieder frei zugänglich.

Landschaft

Die Festlandsküste im Norden ist über weite Strecken von beispielloser Kargheit. Karst, nacktes Gestein, ja Mondlandschaften herrschen vor. Wer Sinn für solche ‚brutalen' Landschaften hat, kommt hier auf seine Kosten. Ganz anders die vorgelagerten Inseln: Zwar sind viele von Ihnen ebenfalls verkarstet (besonders auf der der Bora ausgesetzten Ostseite), aber meist sind sie sehr idyllisch und vegetationsreich. In Süddalmatien weicht die karge Strenge von der Landschaft. Auch wenn es im Norden und in der Mitte kaum Kies- oder gar Sandstrände gibt, so haben wir doch sehr schöne Badeplätze, teilweise auf nackten Felsplatten, teils in winzigen Buchten, gefunden.

Sehenswert

Dalmatien ist eine Kulturlandschaft, geprägt von jahrhundertelangem Einfluss Venedigs, und erfüllt mit südslawischem Leben. Unzählige Schätze an Bauwerken laden zur Betrachtung ein. Es ist unmöglich, sie hier alle aufzuzählen. Erwähnt seien nur einige Städte, die wunderbare Architekturdenkmäler als ganzes sind: Baška auf Krk, Rab, Pag, Šibenik, Trogir, Hvar, Korčula, Dubrovnik.

Klima

Von April bis Oktober ist Paddelwetter. im Frühjahr – seltener im Sommer – kann aber die Bora, ein äußerst heftiger Fallwind in Orkanstärke, jede Paddelei

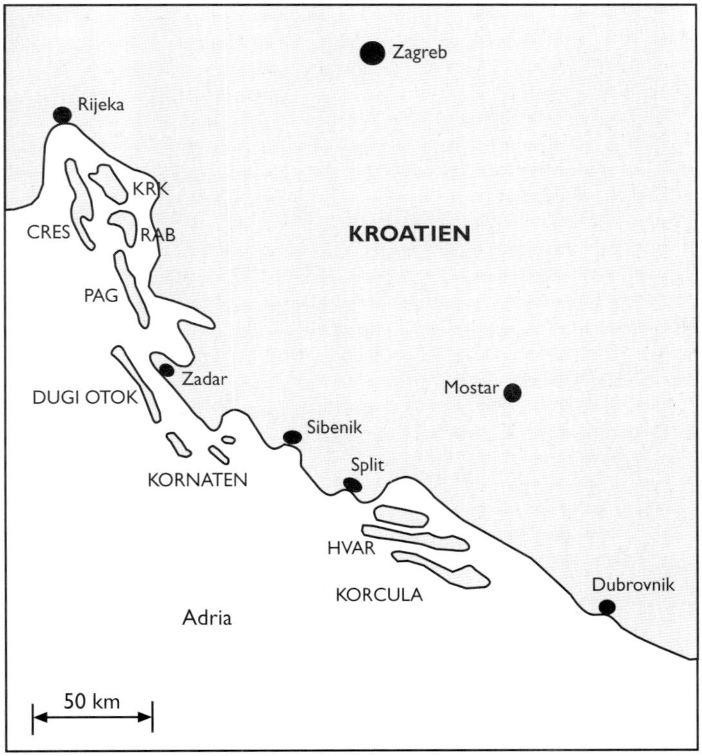

Links
Dalmatinische Inseln
Die Adria bietet wundervolle Stimmungen, hier bei Krk.

für jeweils ein oder zwei Tage verbieten. Am heftigsten tritt die Bora in Norddalmatien auf, leider ohne verlässliche Vorwarnzeichen. Vorsicht ist aber in jedem Fall angebracht, wenn sich Wolkenwalzen über den Festlandsgebirgen bilden. Aber auch andere Winde können sehr heftig wehen. Typischer Schönwetterwind ist der Maestral, der in Küstenrichtung von Nordwest, meist nachmittags, bläst.

Verkehrsmittel

Wer nicht mit dem Auto anreist, findet in Rijeka oder Triest die besten Startpunkte per Eisenbahn. Für die Rückfahrt bieten sich die alle größeren Orte anlaufenden Küstenschiffe an.

Gefahren

Die Gefahr, vom Sturm überrascht zu werden, ist beträchtlich. Wer nicht mit hohem Wellengang vertraut ist, sollte sich unbedingt in Küstennähe halten und größere Überfahrten meiden. Von der offenen See her anlaufende Wellen bei ruhigem Wetter sind sichere Vorboten stürmischen Wetters. Auch Ufernähe bedeutet oft keine Sicherheit, weil Steilküsten oder scharfzackiges Kalkgestein eine Landung unmöglich machen können. So ist eine sorgfältige Fahrtplanung mit sicheren Rückzugsmöglichkeiten wichtig. Auch das Abhören von Seewetterberichten gehört zum Thema Sicherheit (wegen der häufig wechselnden Zeiten und Frequenzen vor der Reise Informationen einholen: Seekartenvertriebsstellen, Deutsche Wellek, österr. Rundfunk).

Ausrüstung

Wie bei den übrigen Berichten aus dem Mittelmeerraum beschrieben.

Karten / Literatur

Hier sind Landkarten sinnvoller als Seekarten. Ausreichend ist die Deutsche Generalkarte (Jugoslawische Adria in 3 Blättern). Reiseführer und Naturführer sollten nicht fehlen.

Oben
Karst auf der Insel Pag, eine eindrucksvolle Mondlandschaft, wie man sie in Europa kaum für möglich hält. Im Hintergrund das Velebit-Gebirge auf dem Festland. Große Mengen reifer Brombeeren versüßen uns die karstige Öde.

Vor größeren Überquerungen sollte der Wetterbericht abgehört werden. Eine Routenplanung mit Rückzugsmöglichkeiten erhöht die Sicherheit bei Schlechtwettereinbruch.

Unten
Mittelalterliche Kirchenarchitektur in Zadar (Mitteldalmatien): Sveti Donat und der Glockenturm der Kirche Sveti Stosija.

Paradiesische Kiesbuchten mit typischer Mittelmeerflora im Südteil der Insel Krk in der nördlichen Adria.

Die eingekauften Lebensmittel müssen verstaut werden. Ein Faltboot fasst unglaubliche Mengen, und wir sind, wenn es sein muss, wochenlang unabhängig von Einkaufsmöglichkeiten.

Nordamerika

Steilküsten mit oft farbigen Felswänden prägen Niedercalifornien an der Cortéz-See.

Baja California – Paddeln in der Wüste Mexicos

Der Flughafen von Los Angeles hat keine Transit-Abteilung, so müssen wir die endlosen Einreiseprozeduren über uns ergehen lassen, obwohl wir zwei Stunden später wieder ausreisen wollen – in die Vereinigten Staaten von Mexico. Nach Einwanderungs- und Zollbehörden mit drei Zweierfaltbooten stellen wir bei Aero California dann fest, dass unsere Maschine überbucht ist – wir sind zwei Minuten zu spät beim Einchecken. Immerhin bietet man uns

Hotelgutscheine an und ändert unsere Tickets auf morgen. Ja sogar ein letzter Platz in der ersten Klasse wird uns offeriert. So fliegt Dirk schon einmal voraus, mit unserem gesamten Gepäck – zehn Packsäcke a 30 Kilo – nach Loreto.

Loreto liegt in Süd-Niederkalifornien, besitzt einen internationalen Flughafen, eine gut erhaltene Jesuiten-Missionskirche (die älteste Kirche an Amerikas Westküste) und besteht ansonsten aus südlicher Armut und Anmut. Unsere Küstenpaddelei soll uns in südlicher Richtung zum nächsten Flughafen, nach La Paz, etwa 250 Kilometer entfernt, bringen. Eine einfache Logistik also: Einmal umsteigen in Los Angeles und wir werden wieder zurück sein in London, Amsterdam, Kopenhagen oder Paris, je nachdem, welche Fluglinie die besten Preise bietet. Eine Reise also, viel einfacher als lange Autoanfahrten in Europa zu entfernten Paddelrevieren, aber eine Fahrt in eine völlig andere Welt: Zum einen verschafft sie uns den heißesten Hochsommer schon im März, zum anderen führt uns die Fahrt direkt in die Wüste.

Von Loreto fahren wir mit dem Auto auf der ‚Mex 1', welche die ganze 1.300 km lange Halbinsel durchzieht, einige Kilometer nach Süden und finden eine Palmenbucht zum Aufbauen der Boote. In den Palmenwipfeln über uns hocken zahllose Geier und schauen interessiert zu.

Wale und Kakteen

In Loreto hatten wir nicht nur für drei Wochen Verpflegung eingekauft (es gibt bis La Paz keine Orte an der Küste), sondern auch für jedes Boot 60 Liter Trinkwasser gebunkert. Wir sitzen also mehr auf als in den Booten. Zum Glück ist die See ruhig, so dass wir unsere erste Überfahrt direkt unter den Kiel nehmen können.

Und nun, gleich am ersten Paddeltag, haben wir unser erstes großes Wal-Erlebnis: Ein riesiger dunkler Schatten fährt von hinten unter unseren Booten hindurch; direkt vor uns taucht in voller Größe der wohl 20 Meter lange Körper eines Finnwals auf. Das Tier macht einen runden Buckel und hebt seine Schwanzfluke, die so breit scheint wie unsere Boote lang, hoch aus dem Wasser und taucht dann senkrecht in die blaue Tiefe. Wir sind sicher, dass sich uns das Tier aus Neugier genähert hat, zugleich aber sorgfältig bedacht war, unsere Boote nicht zu berühren. Der Schreck, diesem gewaltigen Tier so nahe zu sein, mischt sich mit der Freude, dieses seltene Schauspiel der Natur erleben zu dürfen.

Der Reiz einer Küstenfahrt an der ‚Baja' ist dreifacher Art: Die Landschaft mit hoher Gebirgskulisse der ‚Sierra de la Giganta' im Hintergrund, mit farbigen Felskaps und wunderbaren Sand- und Kiesbuchten an glasklarer See ist das eine, das andere ist die der Trockenheit angepasste Vegetation. Viele Arten von Kakteen, von der winzigsten Sorte bis zu den mächtigen, viele Tonnen schweren Cardóns. Last not least ist es eine ungemein reiche Tierwelt, die uns begeistert: Beinahe täglich begleiten uns Delfinherden, allgegenwärtig sind die urweltlich anmutenden braunen Pelikane und die wunderbar segelnden Truthahngeier. Um die Unterwasserriffe schwärmen bunte Fische, und an manchen Felsküsten brüllen uns mächtige Seelöwen wütend an, während ihre Weibchen aufs anmutigste zwischen unseren Booten spielen. Wer für diese dreierlei Reize der Natur allerdings kein Empfinden hat, wird von glühender Sonne, nackten Felsen und ausgedörrter Landschaft berichten, er sollte an einer anderen Küste paddeln.

Die Insel Carmen wird auf manchen Straßenkarten glatt weggelassen, weil sie unbewohnt und straßenlos ist. Dabei gewährt sie eine 80 km lange Rundfahrt, die bereits alles Wesentliche von Niederkalifornien bietet. Schon unser erster Zeltplatz an kleiner Kiesbucht fasziniert uns. Die Sonnensegel stehen zwischen mächtigen Cardón-Kakteen und die eindrucksvolle Bergsilhouette der Sierra de la Giganta ist direkt vor unseren Blicken ausgebreitet.

Zu Hause herrscht Schmuddelwetter; Regen-und Schneeschauer vermeldet die Deutsche Welle. Wir verbringen die heißesten Stunden unterm Sonnensegel oder in der gut temperierten Cortéz-See. Abends färbt sich der Himmel über den zackigen Gebirgsketten zuerst himbeerfarben, dann violett und schließlich tiefschwarz, voll funkelnder Sterne, und wir sitzen immer noch in Badebekleidung am Strand und genießen das Geschenk des vorgezogenen Sommers.

Ein menschenleeres Land

Auf der Baja California lebten bis zur Ankunft der ersten Spanier im 16. Jahrhundert einige Indianerstämme, die in vollkommener Weise an die Wüstenbedingungen angepasst waren und sich von Kakteenfrüchten, dem Fischreichtum der Cortez-See und der Wüsten-Vegetation ernährten. Den von der spanischen Krone beauftragten Jesuiten gelang es erst 160 Jahre nach der Entdeckung des Landes durch Cortez, in Loreto eine erste Mission zu errichten. Die spanischen Missionare schafften es, in wenigen Jahren die indianischen Ureinwohner – man spricht von 30.000 bis 70.000 – fast völlig auszurotten, durch gewalttätige Christianisierung oder durch eingeschleppte Seuchen. Seitdem ist die riesige californische Halbinsel nur an wenigen Punkten besiedelt. Wir finden ein fast menschenleeres Land vor.

1.300 km lang ist die Halbinsel, mit gebirgiger Ostküste zur Cortez-See (auch Golf von Californien genannt) und langen Lagunen- und Dünenküsten zum offenen Pazifik. Die zwei Millionen Einwohner leben überwiegend in den wenigen Städten. Das Land ist menschenleer: Wüste, Gebirge, Cañons, Hoch-

Die Insel Carmen südlich von Loreto ist – abgesehen von gelegentlichen Fischercamps – unbewohnt. Sie wird von Paddlern häufig umrundet, eine lohnende Tour.

Die californischen Seelöwen sind heute vor den Nachstellungen durch den Menschen geschützt. Sie leben in Kolonien auf den seit Jahrhunderten angestammten Felsplätzen und Stränden.

Unsere Zelte stehen unter riesigen Cardón-Kakteen. Eines der wichtigsten Ausrüstungsstücke ist das Sonnensegel.

ebenen, mangrovengesäumte Lagunen, also Wildnis, zumeist unberührte Natur. Natürlich ist dies für amerikanische Touristen eine starke Verlockung, zumal hier der Winter ein Sommer ist. Touristen sind aber auf Straßen angewiesen, weshalb wir die auch in Europa erfolgreiche Taktik anwenden, dem Tourismus zu entkommen: Eine Straßenkarte besorgen und die Küsten zum Paddeln aussuchen, an denen es keine Straßen gibt. So treffen wir nur auf einige der stets hilfsbereiten amerikanischen Segler und Motorjachten und auf amerikanische Paddler, also Gleichgesinnte (die sich dennoch sehr von den deutschen Wanderpaddlern unterscheiden: Es sind überwiegend geführte Gruppen, im Reisebüro gebucht und von einem ‚instructor' geleitet).

Delfine, Seelöwen und Paddler

Am Beginn der großen Bucht von La Paz, bei San Evaristo, zeigt unsere Karte eine kleine Straße, die über den Bergwerksort San Juan de la Costa nach La Paz führt. Für uns ein Grund, diese Küste zu meiden und zur zauberhaften Insel San Francisco hinüber zu paddeln. Von dort gilt es, eine 35 Kilometer lange offene Überquerung zur Seelöweninsel Partida zu bewältigen. Zuvor besorgen wir uns bei einer amerikanischen Yacht einen Wetterbericht, der ruhiges Wetter verspricht. Dennoch ist eine sechsstündige Überfahrt auf hoher See immer ein Abenteuer. Die Zeit wird uns nicht zu lang, denn immer wieder umschwärmen uns hunderte von Delfinen, in einigem Abstand ziehen Wale vorbei und schon einige Meilen vor unserem Ziel hören wir das Gebrüll der Seelöwen.

Wir zelten in einer südseeartigen Bucht mit grünem Wasser über weißem Korallensand auf der Insel Espiritu Santo. Der Strand bildet eine makellose Kurve und gehört uns ganz allein. Aber nicht lange: Ein Fischerboot taucht auf, am anderen Ende der Bucht werden Bierkisten ausgeladen, ein Grill und ein Sonnendach entstehen, ein Toilettenzelt wird aufgebaut. Paddler werden erwartet, sagt uns der Fischer. Und dann taucht auch schon das erste Seekajak auf: der (weibliche) instructor mit markigem Schlag. Nach einer halben Stunde folgen dann in großen Abständen mit letzter Kraft die Klienten, erschöpft, teilweise bis zum Hals im Boot liegend oder die Hände mit weißen Handschuhe vor der Sonne schützend, offensichtlich alles keine ‚gelernten' Paddler. Aber so ist Paddeln in Amerika eben!

Wir besuchen am nächsten Tag noch einmal die Seelöwen auf ihrem Felsen. Die Männchen, doppelt so groß wie ihre Damen, liegen wie Paschas auf hohem Fels und brüllen uns drohend an, während die Weibchen neugierig um die Boote tauchen. Diese Felsen werden seit Generationen von den Tieren bewohnt, so dass sie sogar in den Seekarten mit ‚los lobos' (die Seelöwen) eingezeichnet sind.

Timbabichi, Coyotengeheul und zurück in die Zivilisation

Wenn ich sagte, dass es an der Küste keine Orte gäbe, so stimmt das nicht ganz. Zum Beispiel verzeichnet unsere Karte einen Ort namens Timbabichi, sogar mit Flugplatz, dafür ohne Straßenanschluss. Auch eine ‚tienda', einen Laden, soll es geben. Dieser erweist sich als ehemaliger Ziegenstall, in den wir gebückt eintreten. Alles was wir vorfinden ist ein Regal mit angerosteten Ölsardinenbüchsen, ein Stück Palmolive-Seife und eine Coca Cola-Reklame.

Die Karte zeigt einen weiteren Ort: Los Dolores. Hier handelt es sich aber nur um eine Ranch. Immerhin bekommen wir hier gutes Trinkwasser. Der uralte Ranchero sitzt den ganzen Tag auf der schattigen Veranda. Wir schenken ihm ein Foto, das ihn selbst zeigt (ein Freund von uns hatte es im Vorjahr aufgenommen). Mühsam erkennt der Alte sich, seine starre Miene gerät ins Grinsen. Auch diese Ranch ist ohne Straßenanbindung, das wilde Granitgebirge lässt dies nicht zu. Einige Kilometer landeinwärts finden wir die Ruine einer Missionskirche und – inmitten der Trockenlandschaft – einen Wasserfall, gesäumt von Bananenstauden und Palmen.

In südlichen Breiten – wir sind am nördlichen Rand der Tropen – sind die Tage kurz und die Nächte finster. Um der größten Hitze beim Paddeln zu entgehen, starten wir meist sehr früh, um dann noch vor dem Mittag, wenn sich eine Hitzeglocke über die Landschaft legt, nach einem Zeltstrand Ausschau zu halten. Nur selten ist die See bewegt, aber einmal sind wir doch von der Brandung am Weiterfahren gehindert. So machen wir einen Ruhetag daraus und erkunden das Hinterland. Der Kakteenwald überzieht graugrün die Berge. Jetzt blühen die riesigen Cardón-Kandelaber in üppiger Fülle. Die blattlosen Dornenzweige des Ocotillo bringen feuerrote Blüten hervor, welche die Kolibris anziehen. Auch die Büsche der ‚jumping cholla' (die mit Widerhaken versehenen Kaktusglieder scheinen den Vorübergehenden ‚anzuspringen') entwickeln ihre Blütenpracht. Nur der ‚Kriechende Teufel', ein mörderisch bewaffneter Kaktus, liegt schmucklos und lauernd am Boden: Wehe dem Lebewesen, das über ihn stolpert und in die stahlharten Dornen fällt!

Die vertrockneten Kakteengerippe ergeben wundervolle Lagerfeuer, mit denen wir die allzu frühen Nächte etwas abkürzen. Doch das riesige Sternenbanner aus tausenden in der klaren Wüstenluft funkelnden Himmelskörpern entfaltet sich erst, wenn das Feuer erloschen ist. Wenn dann das ferne Heulen der Coyoten erklingt, wird uns die fremde Schönheit dieses Landes bewusst.

Ein Fischercamp am Strand: provisorisch zusammengenagelte Buden, Bettgestelle im Freien, es sieht aus wie eine Pennerkolonie. So zögern wir etwas, dort nach Trinkwasser zu fragen. Die Leute erweisen sich aber als sehr freundlich und hilfsbereit, ja, wir werden von den Frauen, die es gar nicht fassen können, dass wir aus Alemania zu ihnen gekommen sind, noch mit Tortillas versorgt, frisch auf einem alten Ölfass gebacken.

In Pichilingue, von wo aus die Fährschiffe zum mexikanischen Festland fahren, bauen wir unsere Boote ab und chartern einen Kleinlaster, um nach La Paz zu gelangen. Ein etwas derangiertes, aber stilvolles altes Hotel verwandelt uns Seezigeuner wieder in normale Reisende. Auf dem Flug nach Los Angeles am nächsten Tag können wir unsere Zeltbuchten noch einmal von oben bewundern. So viele Tage wir gepaddelt waren, so viele Minuten braucht das Flugzeug jetzt.

Kurzinformation

Allgemeines

Die Landschaft der Baja California ist mit der Wüsten- und Steppenlandschaft der Südweststaaten der USA zu vergleichen. Damit hört der Vergleich aber auch schon auf, denn Mexico ist ein Entwicklungsland, in dem große Armut und das Fehlen zivilisatorischer Errungenschaften die Regel ist. Allerdings betrachten die US-Amerikaner die Baja sozusagen als ihr Territorium, da sie den Tourismus und große Teile der Wirtschaft beherrschen.

Landschaft

Gebirgiges Relief mit Ausnahme großer Strecken der Westküste. Bedingt durch das Trockenklima spärliche Vegetation. Einzigartige Küstenlandschaft an der gebirgigen Ostseite der Halbinsel, an der Westküste ausgedehnte Lagunen mit mächtigen Dünen und Mangrovenküsten, am offenen Pazifik fast permanent starke Brandung, Paddeln dort eigentlich nur in den Lagunen möglich.

Klima

Regen gibt es so gut wie nie. Im Sommer ist die Hitze so umwerfend, dass Paddeln kaum empfohlen werden kann. Im Spätsommer und Herbst treten gelegentlich die gefürchteten ‚Chubascos', heftige Stürme, auf. So ist die günstigste Fahrtenzeit Januar bis Mai. Allenfalls die Pazifik-Lagunen eignen sich für den Sommer, da hier Nebel häufig für kühles Wetter sorgt. Im Gegensatz zu den feuchten Tropen gibt es nachts immer Abkühlung, was für einen gesunden Schlaf sorgt.

Verkehrsmittel

Internationale Flughäfen in Loreto, La Paz und in Cabo San Lucas. Auf der Mex 1 Busverkehr. Das Taxi ist auch für größere Strecken geeignet, da sehr billig (Preis vorher vereinbaren). Küstenschifffahrt existiert nicht, mit Fischern lassen sich aber Motorboottransporte arrangieren.

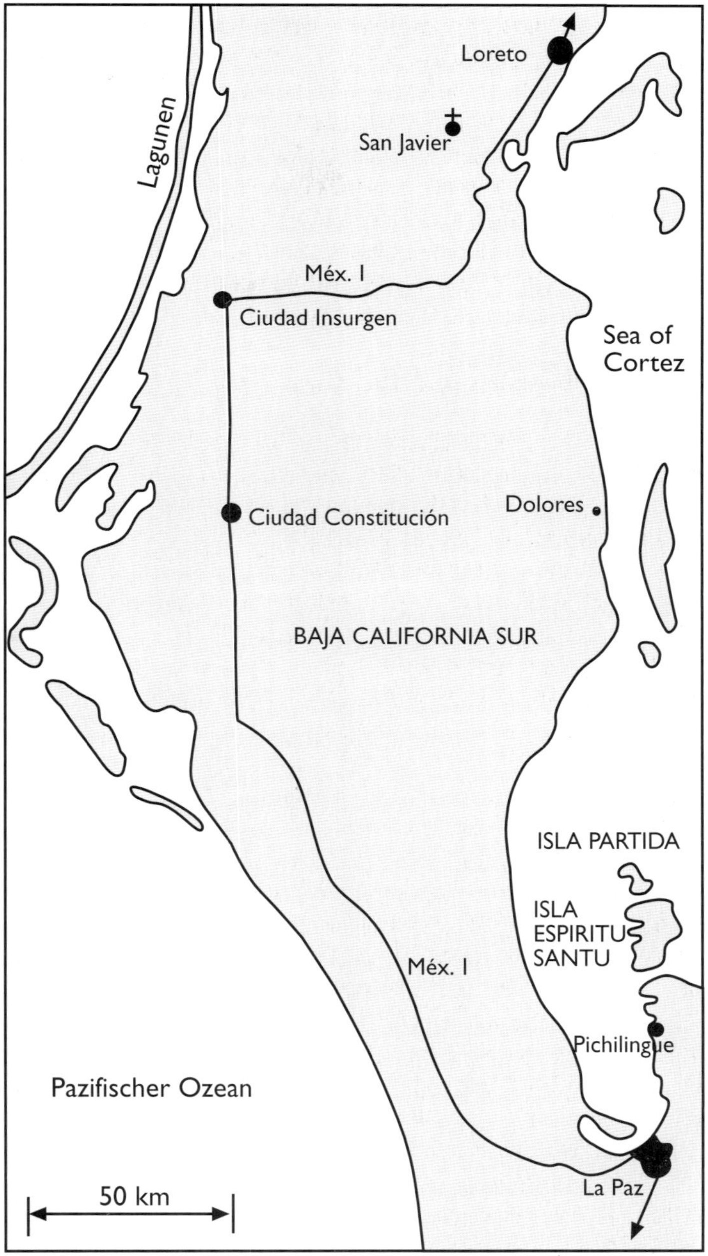

Nahebei ist eine flache Lagune, zu der wir durch einen glasklaren Zufluss, vorbei an Mangrovengestrüpp, gelangen.

Im Frühling zeigen die Cardón-Kakteen prächtige Blüten.

Ausrüstung

Normale Seekajakausrüstung. Verpflegung für die gesamte Tour mitnehmen, ebenso großen Trinkwasservorrat.

Gefahren

Solange der Küste gefolgt wird, ist bei aufkommendem Starkwind fast immer ein rechtzeitiger Rückzug an Land möglich. Vorsicht aber bei größeren Überquerungen!

Karten / Literatur

Eigentlich genügt eine Straßenkarte für die Küstenfahrt. Auch die TPC-Karten (Fliegerkarten) 1:500.000 können empfohlen werden. Für die Westküsten-Lagunen sind Seekarten sinnvoll.

Es gibt mehrere Reiseführer und Landschaftsbeschreibungen. Hervorragend ist der Time-Life Band ‚Niederkalifornien' aus der Reihe ‚Wildnisse der Welt'. Etwas trocken, aber informativ ist John Steinbecks ‚Logbuch des Lebens' Zwei in den USA erschienene Bücher: ‚Sea Kayaking in Baja' von A. Romano-Lax. Wilderness Press, Berkeley (ISBN 0-89997-157-1), ein Auswahlführer und ‚Keep it Moving' von Valerie FonsKruger, Verlag The Mountaineers, Seattle (ISBN 0-89886-101-2), die Erzählung einer vollen Umrundung der Baja im Kajak.

Der feine Korallensand ist grellweiß, makellos unberührt, und wir werfen uns in die warmen Fluten dieses unwirklich grünen Golfstromes.

Paddeln am Rande der Tropen

Die Maschine der ‚Aero Coach' steckt ihre mit unseren Faltbooten beladene Nase nach unten, ein graues Betonband im Busch empfängt uns. Die Luft schlägt uns tropisch heiß entgegen. Nur 10 Kilometer südlich von George Town liegt der Wendekreis des Krebses, der Beginn der Tropen. George Town ist ein Dorf, allerdings ein großes und wohlhabendes. Wir sind auf einer der ‚Out Islands' der Bahamas, auf Great Exuma. Den Leser, der jetzt Schilderungen internationalen Hotellebens erwartet, muss ich enttäuschen: Der Tourismus ist hier unterentwickelt, außerdem ist jetzt, Ende Juni, die Saison längst vorbei. Die schwarzen Bewohner tun beschaulich, ihre Anteilnahme an den vier verschwitzten Deutschen, die ihre Faltboote in glühender Sonne aufbauen, hält sich in freundlichen Grenzen. Ist doch jetzt die Tageszeit, in der (laut Reiseführer) ‚die Bierflaschen von selbst aufgehen'. Dabei hatten wir gestern beim Flug noch Eisberge und den ewigen Schnee Labradors gesehen.

Pläne werden verwirklicht

Was kann einen norddeutschen Paddler in diese vom Golfstrom aufgeheizte Inselwelt am Rande der Tropen locken? Nun, jeder Wanderfahrer hat mindestens eine Handvoll Wunschziele parat. Während des endlosen Winters war mir beim Kartenstudium der langgehegte Wunsch, durch Bahamas Palmeninseln zu paddeln und an Korallenriffen zu tauchen, wieder in den Sinn gekommen. Dank günstiger Flugtarife ist ein solcher Urlaub sogar erschwinglich. Nun galt es nur noch, jemanden für das Vorhaben heiß zu machen, denn meine Frau erklärte eine Tropenpaddelei für doch zu anstrengend (wie recht sie hatte!). Heinz ließ sich überreden. Er wollte schon immer einmal eine Kokospalme erklettern. Sein Sohn Hauke träumte von Korallen und Haien. Ehefrau Brita hatte wohl nicht gewusst, dass die Hitze so umwerfend sein würde, und kam ebenfalls mit.

Paradies im Passatwind

Die erste Landebucht, noch in Sichtweite von George Town, nimmt uns mit ihrem ganzen tropischen Zauber gefangen. Der feine Korallensand ist grellweiß, makellos unberührt, und wenn ich ihn mit dem Fuß aufstäuben lasse, wird er golden. Wie unwirklich steht ein Seidenreiher nur wenige Schritte von uns entfernt an der Lagune: Das Paradies scheint vollkommen, vor allem, wenn wir uns in die warmen Fluten dieses grünblauen Golfstroms werfen. Hier braucht keiner zu überlegen, bevor er ins Wasser geht: Es ist genau so warm wie draußen. Die Inselkette der Exumas erstreckt sich an die 250 km nach Nordwesten. Alles ist aus Korallen: Sand, Fels und Unterwasserlandschaft. Nach Osten zu fällt das Riff, auf dem die Cays (sprich: Kies), wie die Inseln alle heißen, in den bodenlosen Ozean hinab, weit über 1000 Meter. Nach Westen erstreckt sich das flache Korallenmeer: unser Paddelrevier.

Eigentlich merken wir erst nach Tagen unbeschwerten Paddelns, dass uns nicht nur der Golfstrom vorwärtsträgt, sondern auch der Passatwind kräftig schiebt. Also aufgepasst, dass die Rückfahrt rechtzeitig geplant wird!

Heute liegen wir unter dem großen Sonnensegel auf der Insel Norman's Pond Cay. Kein Boot kommt an diese einsame Küste: Das Korallenmeer ist bei Ebbe kaum einen Meter tief. Nahebei ist eine flache Lagune, zu der wir durch einen glasklaren Zufluss, vorbei an Mangrovengestrüpp, hineinfahren.

Zwischen den Mangrovenwurzeln tummeln sich zitronengelbe Fische, auf den Salzflächen stehen Reiher und warten geduldig auf das auflaufende Wasser. Vollkommen ist unser Glück, als ein Fischadlerpaar dicht über unsere Köpfe hinwegrauscht.

Das morgendliche Frühstück am steilen Korallenstrand wird durch einen lautlos hin und her defilierenden Hai bereichert. Hauke meint, er sei mindestens drei Meter und greift zum Küchenmesser. Sollen wir die Boote zu Wasser lassen? Ja, wir erklären ihn für ein friedliches Geschöpf und tun ihm damit auch nicht unrecht.

Kokosnüsse erfordern Energie

Kann man sich von einer Kokospalme ernähren? Man sieht zwei ältere, sonst durchaus würdevolle, jetzt allerdings völlig unbekleidete Männer mit Tauwerk bewaffnet einer großen Palme zu Leibe rücken. So ein Palmstamm ist doch verdammt glatt! Also den Tampen über einen Ast werfen und mit seiner Hilfe hinaufhangeln. Dass die Füße dabei wundscheuern: was soll's? (heilt aber bei dem ewigen Salzwasser kaum wieder). Als endlich die grünen Nüsse zu Boden prasseln, fühlen wir uns ganz wie Captain Cook. Kokosnüsse zu öffnen, erfordert mehr Energie, als in ihnen drinsteckt, wenigstens wenn man keine Machete dabei hat. Immerhin ist jetzt ein weiterer alter Jugendtraum erfüllt.

Als Jungen hatte mich ‚Unter Korallen und Haien' von Hans Hass begeistert. Also die Maske auf, Flossen und Schnorchel und ab zum Korallenriff.

Dies ist wirklich eine Welt so voller eigenartiger Farben und Formen, dass wir aus dem Staunen kaum herauskommen. Die unglaublichsten Fische sind um uns herum. Ist dieser riesige lauernde Fisch nicht ein Barracuda? Wir wollen lieber leise den Rückzug antreten.

Sind wir Dilettanten?

Staniel Cay: Motor- und Segeljachten nicht unter einer Viertelmillion Dollar, Amerikaner, die all ihren Zivilisationsmüll mit sich herumschleppen. Eine Dame aus Michigan von gewaltigem Körperformat stürzt sich zu uns an den Strand: ‚Sie kommen vom nördlichen Polarkreis und paddeln 21.000 Meilen nach Kap Hoorn, wie fühlen Sie sich?' Wir sind perplex und begreifen, dass es wohl außer uns hier noch andere Paddler geben muss, gegen die wir arme Würstchen sind. Nicht die geringste Chance haben wir gegen solche Rekordpaddler, außer dass wir ‚just for fun' paddeln. Später sollen wir diese Weltenpaddler tatsächlich noch treffen: Verlen und Valerie Kruger, ein wirklich sportliches, in den USA sehr populäres Ehepaar. Sie sind auf der Durchreise von Inuvik am arktischen Ozean nach Feuerland. Wir kommen uns vor wie dilettantische Gelegenheitspaddler.

Im Einklang mit der Natur

Erst auf der Rückreise merken wir, welche Anstrengungen der jetzt von vorne wehende Passat hervorruft. Die 20 Kilometer lange Insel Great Guana Cay will kein Ende nehmen. Hier wechseln schneeweiße Strände mit dunklen Korallenplatten. Gleich hinter der Strandlinie beginnt der Busch auf wasserlosem Fels, durchsetzt von exotisch anmutenden Fächerpalmen. Wie anders am nächsten Tag die Insel Big Farmers Cay: flache, makellose Strände, unterbrochen von Lagunenlandschaften mit weiten Mangrovewäldern. Das mit den Gezeiten ein- und ausströmende Meerwasser bewirkt einen großen Fischreichtum an den Lagunenöffnungen. Wir schauen fasziniert auf den Fischadler, der ohne Scheu an unseren Zelten vorbeisegelt und nach Beute Ausschau hält.

Wieder einen Tag weiter eine ganz andere Landschaft: Große weiße Sandbänke sind den Cays vorgelagert. Das flache Korallenmeer leuchtet intensiv hellgrün. Nur unser Sonnensegel erlaubt uns den Aufenthalt über Mittag. Vor dem feinen scharfen Korallensand gibt es kein Entrinnen. Wir beginnen, von Halligrasen und schwedischen Granitplatten zu träumen. Große Tagesstrecken sind nicht zu schaffen, die Hitze ist zu groß. Und wir wollen ja auch die Landschaft ergründen. Einmal sehen wir einen Waran, eine meterlange Eidechse reglos im Unterholz hinter den Booten stehen. Er entzieht sich unseren Fotografierversuchen durch blitzschnelle Flucht.

Die Hitze zwingt uns immer wieder ins Wasser. Allmählich gewöhnen wir uns völlig an das Leben ohne Kleidung, wir verschwenden keine Gedanken mehr daran. Die große Einsamkeit der Inseln kommt uns hierbei zugute. Wohl gibt es einige primitive Dörfer, aber die meisten Cays sind unbewohnt. Eines der weit abgelegenen Dörfer besuchen wir an der Nordspitze der Insel Great Exuma. Der bildschöne Kokoswald sieht von nahem aus wie ungepflegtes Gestrüpp. Heruntergefallene Palmwedel und vergammelnde Kokosnüsse ergeben doch ein anderes Bild als die gepflegten Palmenparks Floridas.

Die Einwohner, alle Schwarze, leben sehr einfach, aber wohl im Einklang mit der Natur, wenn auch der amerikanische Konsumeinfluß schon dazu führt, daß nur noch sehr wenig Landwirtschaft betrieben wird (Dosen öffnen ist einfacher). Auch wir ertappen uns dabei, dass wir nach den eisgekühlten Getränkedosen im Kaufladen schielen, statt – viel bekömmlicher – einen heißen Tee zu bereiten.

Heute meinen wir, die 40 Kilometer Überfahrt über die Korallenbank zur Inselwelt von New Providence nach Nassau wäre mit dem Passatwind für seeerfahrene Paddler machbar. Diese Route hätte uns mehr neue Eindrücke gegeben und den Kampf gegen den Passat erspart. Aber auch so hat die Fahrt durch das schäumende Farbwunder dieses Meeres einen hohen Reiz. Auch bleibt uns so die Touristikindustrie Nassaus erspart. George Town dagegen liegt noch immer so verträumt unter den großen indischen Feigenbäumen wie zu Beginn unserer Fahrt.

Kurzinformation-Bahamas

Allgemeines

Vier-Sterne-Hotels, Spielcasinos, Kreuzfahrtschiffe, Massentourismus: Das alles gibt es auf den Bahamas, aber glücklicherweise nur an einigen Punkten. Der größte Teil dieses Inselstaates aber sind einsame Inseln unter tropischer oder subtropischer Sonne, nur sehr spärlich besiedelt oder echte Wildnis. Die Bahamas sind das für uns am schnellsten und billigsten zu erreichende tropische Paddelrevier, und dazu noch politisch stabil.

Landschaft

Flache Inseln in meist nur wenige Meter tiefem Wasser, felsig (Korallen) mit zahllosen Sandstränden. Bei Niedrigwasser (Tidenhub ein bis zwei Meter) oft größere Sandwatts. Strände und Wasser sehr sauber. An Land vielfach Buschwald mit Palmetto, oft undurchdringlich, gelegentlich Mangrovenküsten. Interessante Vogelwelt, aber nicht die Artenvielfalt wie in Florida.

Nur Sand, Wasser und Sonne,
aber alles vom Feinsten.

Wir gewöhnen uns an die Hitze
und das Leben ohne Kleidung
und werden selbst fast zu
Meeresgeschöpfen.

Sehenswert

Nassau bietet ein paar recht dürftige historische Punkte und ein buntes Volksleben, aber das eigentlich sehenswerte sind die Natur, das Meer, exotische Pflanzen und die Tierwelt über und unter Wasser. Wer unbedingt noch etwas ‚abhaken' will, sollte eine Woche Florida anhängen, wo es aber auch ‚nur' Natur zu sehen gibt, wenn man von der hochentwickelten Vergnügungsindustrie á la Disney absieht.

Klima

Paddelsaison ist das ganze Jahr. Im März hatten wir ähnliche Verhältnisse wie in einem guten deutschen Hochsommer, gelegentlich ein ‚Northern' mit etwas kühlerem Wetter und (selten) Regen, im Sommer tropische Temperaturen, zum Baden und Tauchen angenehm, aber sonst recht strapaziös. Winde im Sommer meist aus Südost (Passat), im Frühjahr mehr aus Ost und Nordost. Ab August bis Ende Oktober können Hurrikane die Bahamas heimsuchen.

Bevölkerung / Formalitäten

Überwiegend schwarze Bewohner, meist sehr freundlich. Sprache englisch. Währung: Bahamas-Dollar und US-Dollar, beide gleichwertig. Neben $ Noten (größere als $ 50,– werden oft abgelehnt) sind Reiseschecks und Kreditkarten gängig, Euroschecks werden nicht akzeptiert. Einreise mit Pass, ohne Visum, Rückflugticket muss vorliegen. Faltboote beim Zoll ohne Probleme.

Zelten

Offiziell nicht erlaubt, in der Praxis aber problemlos. Zeltstrände überall. Sehr nützlich: Ein Sonnensegel für die heiße Tageszeit.

Gefahren

Sobald man das flache Korallenmeer verlässt, sind alle Risiken der hohen See zu berücksichtigen. Besonders gefährlich ist die Einfahrt von der offenen See in das flache Korallenmeer bei Seegang: Die rasiermesserscharfen Korallenbänke sind kaum auszumachen, und sie können ein Boot in Sekunden aufreißen. Längere Überfahrten, auch im flachen Wasser, bleiben erfahrenen und gut ausgerüsteten Seekajakfahrer vorbehalten.

Vorsicht bei aufkommenden Stürmen im Spätsommer!

Verkehrsmittel

Flugverkehr entweder über Florida oder direkt nach Nassau. Die Out Islands sind alle per Flugzeug erreichbar. Im Amerika-Verkehr sind 64 kg Freigepäck (2 Stücke) pro Person üblich, das gilt aber nicht für die Bahamas, wo – zumindest ab Nassau – Übergepäck bezahlt werden muss. Zu beachten: Kleine Maschinen schaffen das Gepäck nicht immer, besonders bei Gruppen, deshalb beim Buchen auf Flugzeugtyp achten. Es kann billiger sein, ab Florida oder ab Nassau einen Flieger zu chartern (Adressen: siehe in nachstehend genanntem Yachtguide). Per Schiff geht in diesem Teil der Welt fast gar nichts.

Karten / Literatur

Wir haben nur US-Seekarten (1:150.000) benutzt und waren gut bedient. Empfehlenswert: Yachtman's Guide to the Bahamas (Seekarten-Vertriebsstellen). Als Reiseführer brauchbar: Martin Velbinger: Florida und Bahamas (Eigenverlag)

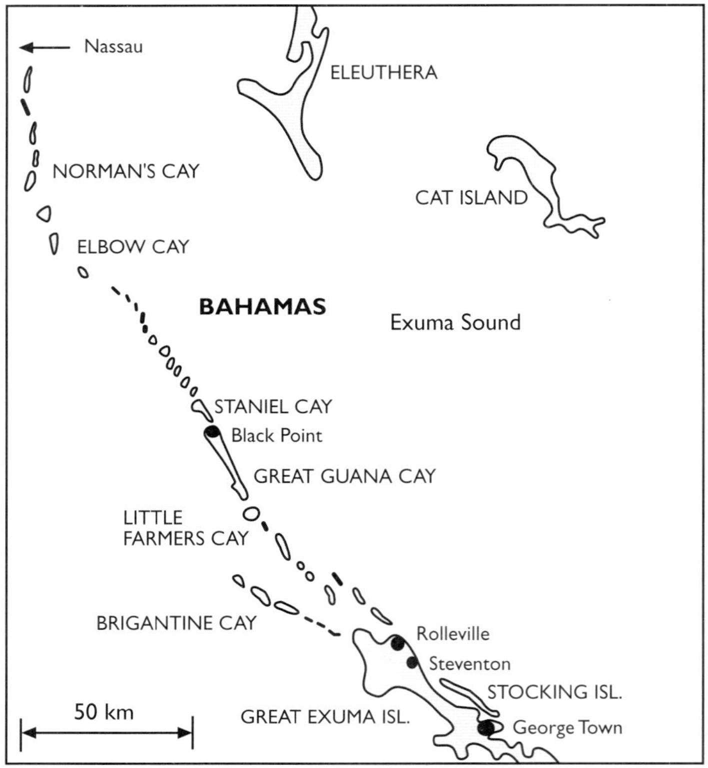

Alaska

Faltbootreise nach Kootznoowoo, der Festung der Bären

Vom ‚Großen Fluss' zur Tideküste

Der schnelle Stikine River, der ‚Große Fluss' der Tlingit-Indianer, der uns von British Columbia durch das Alpine Küstengebirge in den Panhandle des südöstlichen Alaska geführt hat, liegt hinter uns. Diese Flussreise von 250 Kilometern Länge war ein einmaliges Erlebnis. Rauschendes Wildwasser in absoluter Wildnis, Hochgebirge und Gletscherseen zogen an uns vorbei. Allerdings war uns der Stikine, den wir auch in fünf Tagen geschafft hätten, doch auf zwei Wochen in die Länge gezogen hatten (es wäre ein Jammer gewesen, ihn so ‚abzuhaken') nicht Grund genug für eine Reise ins fernste Nordamerika. So schließt sich jetzt wie selbstverständlich die Fahrt entlang Alaskas Küste an. Wie gut, dass unsere Klepper-Faltboote nicht nur im Wildwasser eine gute Figur machen, sondern auch hervorragend für Seefahrten geeignet sind!

Unsere Rückflugtickets sind auf Juneau ausgestellt, der Hauptstadt Alaskas, von der Stikine-Mündung 300 km entfernt. Die Karte verrät uns, dass es eine Fahrt durch eine großräumige Inselwelt ist, zwischen hohen Bergen und stellenweise von ins Meer hinabfließenden Gletschern flankiert.

An der Flussmündung empfängt uns eine Tideküste. Wir sind so etwas ja von der Nordsee her gewohnt, aber sieben Meter Tidenhub macht uns doch zu schaffen (zu Hause sind es zweieinhalb Meter). Ganze Buchten laufen bei Niedrigwasser leer. Dann gilt es, die schwer beladenen Boote über scharfe Muschelbänke und glitschige Tangflächen zu tragen. Und bei Hochwasser schrumpft der Raum zwischen der See und dem undurchdringlichen Wald gegen Null, oft gesäumt durch Mengen angeschwemmter Baumstämme. Mit einem Wort: Die Zeltplatzsuche wird zum Problem. Wie gut, dass zum Ausgleich dafür die Mückenplage mancher Flusstage hier zuende ist.

In die Regenwälder Alaskas

An der Stikine Mündung liegt der Fischerort Wrangell, etwas nördlicher Petersburg. Ansonsten ist die Strecke bis Juneau unbesiedelt. Was uns reizt, sind einige Fjorde, die ins Hochgebirge hineingreifen, aber auch die riesige Insel Kootznoowoo. Der Name bedeutet in der Sprache der Tlingit-Indianer ‚Festung der Bären'

Weltumsegler James Cook nannte die Insel ‚Admirality Island', und so ist sie auch heute noch auf den meisten Karten verzeichnet. Aber ‚Chutznuwu' hört sich viel schöner an, und Bären wollen wir schließlich sehen!

Das Kajak ist uns jetzt nicht Sport- oder Spielgerät, sondern Fortbewegungs- und Reisevehikel, um uns in der vom Menschen unbeeinflussten Wildnis frei bewegen zu können. Zu Fuß würden wir in den verfilzten Regenwäldern nach wenigen Metern steckenbleiben. Für einige Wochen Proviant ist natürlich dabei. Ein absolut dichtes Zelt und gute Regenbekleidung macht uns auch längere Regentage erträglich.

Wir quetschen unsere Zelle entweder auf die oberste Kieslinie einer Bucht, trampeln eine höher liegende Grasfläche platt oder bauen die Behausungen in eine Lücke der Waldfinsternis hinein. Einmal aber erinnert uns ein mitternächtliches Rauschen unter dem Zeltboden doch daran, dass es neben den normalen Tiden zweimal im Monat Springtiden gibt.

Alle deutschen Wälder sind gegen dies hier gepflegte Parks. Hier liegen zwischen gewaltig dicken Schwarz-, Weiß- und Hemlook-Tannen so viele modernde Bäume kreuz und quer am Boden, dass kein Durchkommen ist. Oft sind diese Urwälder mit übermannshohen Heidelbeersträuchern durchsetzt, an denen jetzt im Juli die großen blauen Früchte überreichlich hängen – wenn sie nicht mitsamt den Blättern von den Bären abgerupft sind.

Die Bären machen sich unterdessen rar. Haufenweise (im wahrsten Sinne des Wortes) sehen wir ihre Hinterlassenschaften, und oft führen Bärenpfade direkt hinter unseren Zelten durch das Unterholz. Wahrscheinlich sehen uns täglich Dutzende von Bären, wir dagegen nie einen. Bis wir zum Pack Creek kommen! Hier mündet ein kleiner Fluss, den die Lachse zum Laichen aufsuchen. Diese Stelle wird von Rangern überwacht. Leider hat nur Rolf von uns dreien ein Permit für den Besuch des Geländes, die Besucherzahl wird strikt begrenzt. Es ist einer der ganz wenigen Plätze, wo Grizzlies mit Sicherheit beim Lachsfischen beobachtet werden können. Außer mit dem Kajak ist dieser Platz eigentlich nur mit dem Wasserflugzeug erreichbar. Rolf berichtet uns von den vielen Grizzlies, die – inzwischen an die Zuschauer gewöhnt –

aus nächster Nähe zu beobachten sind. Das ganze hat fast den Charakter einer zoologischen Schau für neugierige (und begüterte) Touristen.

Zu den Gletscherfjorden

In der Thomas Bay, so zeigt uns die Karte, kalbt ein großer Gletscher ins Meer. Nach fünf Stunden Paddeln im Regen erreichen wir eine kleine Blockhütte der Forstverwaltung, die eigentlich nur per Voranmeldung benützt werden soll. Aber wir sind durchnässt, und ein solider Holzofen lockt uns in diese einsame Hütte. Hier lesen wir, dass in der Thomas Bay einmal ein Tlingit-Dorf existierte, das von einem Bergrutsch verschüttet wurde. Nur einige Kleinkinder entgingen der Zerstörung. Sie wurden von Seeottern großgezogen und leben jetzt als Seeungeheuer in der Tiefe, weshalb es bis heute kaum ein Indianer wagt, hier zu fischen. Uns vertreibt ein Dauerregen aus dieser Bay. Den Gletscher sehen wir aus zehn Kilometern Entfernung schemenhaft aus den Wolken herniederbrechen.

Umso schöner sind die Begegnungen mit zahllosen Buckelwalen in der See vor Kootznoowoo. Immer wieder hören wir um uns herum das Fauchen wie von Dampflokomotiven und sehen die mächtigen Tiere auftauchen. Die Amerikaner sind sehr naturbegeistert. Deshalb ist ‚whale-watching' ein regelrechtes Geschäft. Leider sind sie noch mehr motorvernarrt. So wird ein auftauchender Wal mit PS-starken Motorbooten regelrecht gejagt, um den Touristen die gehetzten Wale vor die Linse zu bringen.

Im Norden von Kootznoowoo ist auf der Karte ‚portage' zu lesen. Hier finden wir ein Schienenfahrzeug vor, das unsere Boote mühelos über eine 1½ Kilometer breite Landenge bringt.

Eine Grizzlybärin mit einem Jungen schaut aus einiger Entfernung zu, um dann in großen Sprüngen, gefolgt von ihrem Jungen, hin und her zu tollen; ein Anblick, der uns begeistert.

Nach der Portage, schon in Sichtweite von Juneau, biegen wir noch in den riesigen Taku-Fjord ein, der wie eine kleine Glacier-Bay lockt. Das Hineinpaddeln ist wegen der Gegenströmung, durch den Taku River verursacht, mühsam. Zwei Tage lang verdüstert Regen die hohen Berggipfel. Aber interessant ist die Reise dennoch. So schauen wir an einem Wildbach zu, wie die Seehunde vom Meer her die Stromschnellen überwinden, um in einem Kolk Lachse zu jagen und zu verspeisen. Einmal schreitet ein Schwarzbär ganz nahe an unserem Zelt vorbei, um an die vielen Himbeeren zu gelangen, die er einzeln sauber abpflückt. Der riesige Taku-Gletscher, geröllüberzogen, schimmert durch Regenvorhänge. Da öffnet sich ein Wolkenfenster und die Sonne bricht einen Strahl hindurch zu den wilden Gletscherbrüchen. Unsere Zelte stehen direkt vor dem Gletscher auf einem tischebenen, moosbewachsenen Sander. Bald zeigt sich die Sonne an diesem, unserem schönsten aller Zeltplätze verschwenderisch. Ringsum blüht es in allen Farben. Weidenröschen, Orchideen, Lupinen und das Brummen der bunten Kolibris bilden einen reizvollen Kontrast zu den blaugrauen drohenden Eismassen über uns. Störend sind nur die vielen Flugzeuge, die ‚flightseeing' Touristen von Juneau aus herumfliegen. Denn welcher Amerikaner käme auf die Idee, hier zu wandern, bergsteigen oder paddeln? Alles geht im Sitzen: Auto fahren, Motorboot fahren, fliegen. Auch wir sind nun wieder zum Sitzen verdammt, in Flughäfen und in vollgestopften Flugzeugen. Immerhin sind wir nach einem Tag wieder in unserer gewohnten Welt. Uns bleibt die Erinnerung und der Wunsch, die Reise eines Tages nach Norden fortzusetzen.

Kurzinformation

Allgemeines

Es handelt sich um eine ‚gemäßigte Wildnistour', d.h. obwohl wir uns in unberührter Natur bewegen, ist die Zivilisation doch meist schnell erreichbar. Eindrucksvoll sind die gewaltigen Urwälder, Gletscherfjorde und die vielfältige Tierwelt.

Klima

Im Osten des Küstengebirges Kontinentalklima, im Sommer oft große Hitze. Im Gebirge selbst und an der Küste feuchtes, kühles Wetter, vergleichbar mit Norwegen, was aber Schönwetterperioden nicht ausschließt. Beste Zeit: Mai bis September.

Wind war für unsere Küstenfahrt überhaupt kein Problem, was aber bei Saisonbeginn und -ende anders sein kann.

Verkehrsverbindung

Die Küstenorte werden täglich von Großraumjets angeflogen, hauptsächlich von Seattle aus. Außerdem verkehren auf der Inside Passage die großen Fährschiffe.

Falls als Vorfahrt der Stikine River gefahren werden soll, kann in Wrangell ein Charterflieger engagiert werden.

Tierwelt

Naturbegeisterte kommen voll auf ihre Kosten. Alle Tiere der nordamerikanischen Wildnis sind zu beobachten. Die pazifischen Inseln weisen z.T. eine sehr große Dichte an Grizzlies und Weißkopfadlern, Seehunden und Buckelwalen auf.

Die Mückenplage, hauptsächlich von Mai bis Juli, beschränkt sich auf das Inland. An der Küste gibt es dafür gelegentlich Gnietzen (no-see-ums).

Ausrüstung
Die Flugreise (und auch die Kombination von Fluss und Seestrecke) bedingt das Faltboot (Einer oder Zweier). Übliche Seekajakausrüstung (Fußsteuer, Spritzdecke, Kompass, Schwimmweste). Beim Linienflug sind 2 x 32kg pro Person ohne Aufpreis zugelassen. Verpflegungskauf in Wrangell und Petersburg in Supermärkten. Die übliche Campausrüstung und Bekleidung sollte auf häufiges Regenwetter abgestimmt sein. Zur Bärenabwehr keinesfalls Schusswaffen mitnehmen, allenfalls Bärenspray, bei angepasstem Verhalten aber auch überflüssig. Kocher nicht erforderlich, bei Regen aber angenehm. Wildnis-Notfall-Ausrüstung nicht vergessen (Angel, Feuerzeug, Flickzeug usw). Tidenkalender (in Wrangell) sehr hilfreich, da für jeden Tag der Tidenhub angegeben ist.

Zelten
An der Küste ist es schwierig, geeignete Plätze zu finden, da die Springtide (Hochwasser dann immer nachts) bis an den Rand des Urwaldes aufläuft. Bärenfreies Gelände (Spuren) suchen.

Bücher / Karten
Über die Küstenregion ist mir keine Paddlerliteratur bekannt. Als Karten benutzten wir den ‚Alaska Atlas & Gazetter', Verlag De Lorme, Freeport, ISBN 0-89933-201-3, Maßstab 1:300.000.

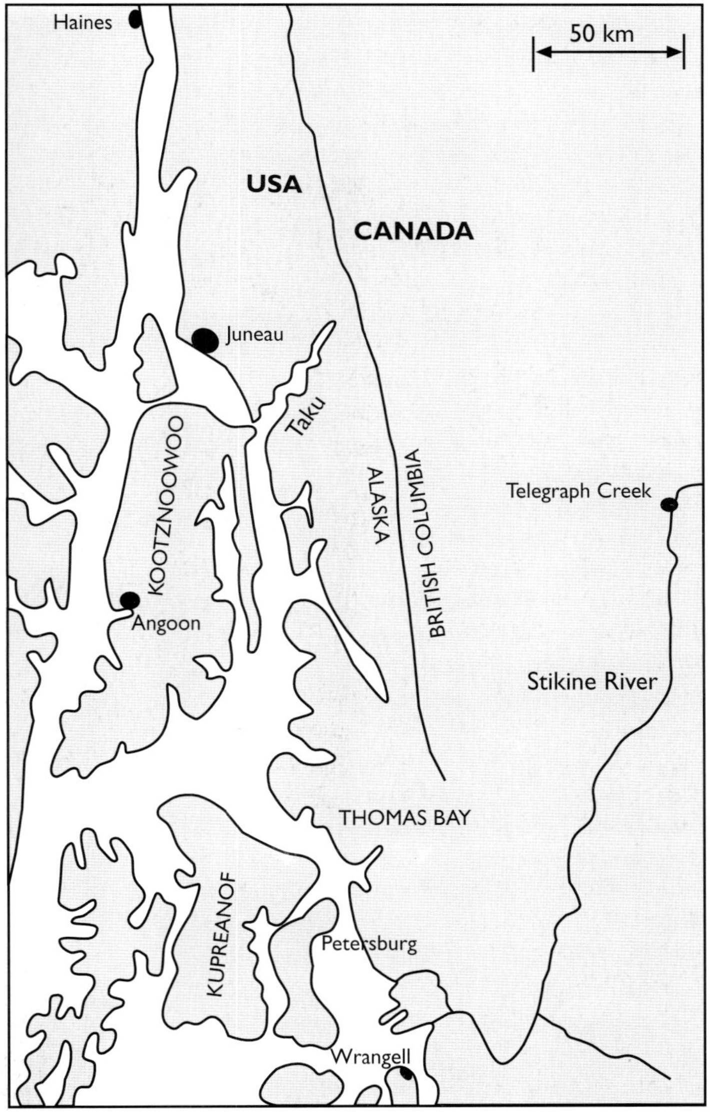

Der Stikine River ist wild und ungezähmt. Bei Hochwasser transportiert er ganze Wälder talwärts, die dann bei fallendem Wasser irgendwo hängenbleiben. Wir müssen ganz schön aufpassen, uns nicht in einem solchen Baumverhau zu verheddern.

Freiluftleben in der Wildnis. Trotz großer sommerlicher Hitze ist das Lagerfeuer für die Küche unentbehrlich.

Wildnis-Küche. Die Verpflegungsplanung muss stimmen, will man nicht unfreiwillige Hungertage erleben.

Der Shakes Glacier mündet direkt in den See und schiebt sein Kalbungseis in den Sitkine River.

Arktis

Am Rande der Welt – Baffin Island

Wir lesen heute mit Ehrfurcht die Expeditionsberichte der Arktisforscher des vorigen Jahrhunderts. Nansens ‚In Nacht und Eis', Amundsens ‚Nordwestpassage' oder der tragische Ausgang der Franklin-Expedition haben nichts von ihrer Faszination verloren. Wenn von der großartigen Natur und der Tierwelt der Arktis die Rede ist, kommt bei uns Paddlern die Sehnsucht nach diesen Gegenden hoch. Denn unser Kajak ist das natürliche Fahrzeug der Arktis, es hatte hier seine Geburtsstunde.

Wo alle Straßen wenige Kilometer vom Flughafen im Hochgebirge oder in der Tundra enden, beginnt das Revier des Kajaks – oder heute des Motorbootes und des Hundeschlittens und seines modernen Pendants, des Motorschlittens. Für die großen Distanzen ist das Flugzeug meist das einzige Verkehrsmittel. Und damit bekommen auch wir Zugang zu arktischen Plätzen, die früher nur in jahrelangen Schiffsexpeditionen erreichbar waren. Wie bequem haben wir es doch! Kein Schiff muss ausgerüstet werden, die Reisekosten sind erschwinglich geworden. Nansen musste sich erst einen Namen als Polarforscher machen, bevor die norwegische Regierung ihm den Bau der enorm kostspieligen ‚Fram' bewilligte, Franklin überredete die Admiralität von der Notwendigkeit der Entdeckung der Nordwestpassage, um seine Flotte zu bekommen. Wie einfach ist es dagegen heute! Die Faltboote liegen fertig gepackt, und das Ticket nach Pond Inlet steckt in der Tasche. Also auf in den arktischen Norden Kanadas!

Ich hatte mich am Ende einer längeren Kajakreise in Grönland mit meinen Freunden in Iqaluit, an der südöstlichen Küste der Insel Baffin verabredet. Iqaluit ist die Hauptstadt der östlichen kanadischen Arktis, sie hieß bis vor ein paar Jahren Frobisher Bay, nach dem Arktisforscher Martin Frobisher.

Die Inuit stellen mehr als 80% der Bevölkerung von Iqaluit. Der Name bedeutet ‚der Platz, an dem man Fische fängt'. Mein Flugzeug aus Nuuk (‚die Halbinsel', Hauptstadt von Grönland) schwebt über die kahle Tundra ein. Am nächsten Morgen landen Peter und Eva, von Ottawa kommend. So zuverlässig klappt eine Verabredung am oberen Rand der zivilisierten Welt heute!

Beim Weiterflug überqueren wir die Cumberland-Halbinsel, eine der großartigsten Hochgebirgs- und Gletscherlandschaften unseres Erdballs, ‚das Land wo der Schnee nie schmilzt', sagen die Inuit. Dann stehen wir auf dem Flughafen von Broughton Island, bei trübem, kaltem Wetter und vor meterdickem Meereis, das jeden Gedanken an Paddeln absurd erscheinen lässt. Und wir wollen noch tausend Kilometer weiter nach Nordwesten, zur Bylot-Island! Es ist Anfang August, und wenn das Eis nicht verschwindet, geht es gleich in den nächsten Winter über. Zum Glück sind die Eisverhältnisse im Norden aber besser. In Pond Inlet blicken wir vom Flughafen auf ein bis auf wenige große Eisberge freies Meer.

Und welch ein Blick! Die Sicht reicht wohl an die 100 Kilometer weit über Meer und Tundra auf nicht endendes schnee- und gletscherbedecktes Hochgebirge. Die arktische Sonne brennt vom Himmel, obwohl es Nacht ist. Ein Inuit bringt unser Gepäck zur Arctic Research Station. Hier, wo schon manch anderer Paddler Gastfreundschaft fand, bauen wir die Faltboote auf, beladen sie aus dem Supermarkt der Northwest Company (früher Hudson Bay Company) mit Lebensmitteln für vier Wochen, und sitzen endlich im Boot auf jenem arktischen Ozean, der den Inuit Heimat und Lebensgrundlage ist, uns Europäern aber so fremdartig wie aus anderen Welten erscheint.

Nach wenigen Kilometern umgibt uns Urlandschaft, Wasser so klar, dass die Grenze zum Himmel zerfließt, letzte Meereisblöcke grün und wie von innen beleuchtet, Eisberge auf ihrer Reise von Grönland wie gleißende Kathedralen. Die gewaltigen Eisströme der Gletscher von Bylot-Island fließen majestätisch ins Meer. Wir sind begeistert und müssen doch ganz nüchtern bleiben. Jede Kenterung in dem eiskalten Wasser birgt Lebensgefahr, an den Küsten strolchen gelegentlich hungrige Eisbären umher, welche die Eisdrift verpasst haben und nun von ihrer eigenlichen Beute, den Robben, abgeschnitten, gefährlich werden können. Fehler in der Ausrüstung können Hunger, Unterkühlung oder Gefangensein in der Wildnis bedeuten.

Unser erster Zeltplatz in dieser jungfräulichen Landschaft liegt hinter der Beloeil-Insel. Uns gegenüber, auf der Bylot-Insel ragt das Kettengebirge der Byam-Martin-Mountains gletscherüberzogen und unberührt wie am Schöpfungstage in den klaren arktischen Himmel. Am nächsten Morgen hängen Wolken in den Bergen. Während unserer Überfahrt nach Bylot herrscht eine

Letzte Meereisblöcke geben einen Eindruck, welche gewaltigen Eismassen das Meer die meiste Zeit des Jahres bedecken.

düstere, unwirkliche Beleuchtung. Aus hoher Wolkenwand fließen breite Gletscherströme zum Meer herunter. Schmutziggraue Moränenwälle versinken in flaschengrüner Polarsee.

Die Größe und Strenge der Landschaft drückt auf uns, und zugleich sind wir tief dankbar, dies erblicken und empfinden zu können. Als Paddler sind wir nicht auf der Suche nach der Idylle, obwohl wir auch sie genießen; wir suchen nicht nur den fröhlichen Freundeskreis, wenn auch die Kameradschaft auf einer solchen Fahrt erst die Voraussetzung für ihr Gelingen schafft. Auch suchen wir nicht den sportlichen Wettkampf mit Wildwasser oder hochgehender See; dies ergibt sich sozusagen von selbst und muss bestanden werden. Nein, wir sind eigentlich nur auf der Suche nach der absoluten Landschaft. Wir sind süchtig nach der einsamen Größe des Wattenmeeres, der farbigen Felswelt der Baja California, den wilden Cañons des amerikanischen Westens und eben der eiszeitlichen Landschaft der Arktis. Glücklich, dass das Kajak uns diese Erlebnisse vermitteln kann, sind wir doch bescheiden genug, uns nicht als Abenteurer, sondern als einfache Wanderer zu fühlen. Uns genügt es, einige hundert Kilometer durch diese Landschaft zu paddeln. Das Abenteuer ist dennoch stets präsent. Wenn ein mächtiger Finnwal unter unseren Faltbooten das Wasser verdunkelt oder wenn wir uns plötzlich inmitten einer Herde Narwale wiederfinden, dann kommt der Puls auf Touren.

Auch die Monotonie der stundenlangen Überfahrt hat ihre Reize. Wo sonst kann sich die ferne Zackenlinie einer Bergkette so ins Gedächtnis einprägen? Wo nagt die Ungewissheit, ob das bei der Abfahrt ruhige Wetter anhält, stärker? Und wo ist die Zufriedenheit über ein erreichtes Ziel größer als nach langer Fahrt gegen ein fernes Ufer? Aber auch anderes bleibt unvergessen: Der Polarfuchs vor meinem offenen Zelt in mitternächtlichem Sonnenschein. Er greift mit der Schnauze ein Stück Knäckebrot nach dem anderen aus einem Paket, aber nicht um zu fressen, sondern um zu spielen, hochwerfen und mit der Schnauze wieder auffangen. Ich muss ihn mehrmals zur Ordnung rufen, ehe er mit vorwurfsvollem Blick davontrottet.

In Grönland war mein Zelt von einem Orkan in Sekunden zerrissen worden, und es dauerte nur wenige weitere Sekunden, bis meine Kleidung bis auf die Haut nass und die Stiefel voller Wasser waren. Dies passierte zum Glück nur wenige 100 Meter vom Flughafen Nuuk entfernt, sodass ich die rettende Zivilisation erreichen konnte. Hieran muss ich denken, als jetzt auf der gänzlich unbewohnten Bylot-Insel, weit von Pond Inlet entfernt, ein wütender Schneesturm über mein geflicktes Zelt herfällt. Obwohl ich alle wichtigen Ausrüstungsgegenstände vorsorglich wasserdicht verpacke, entstünde bei zerfetztem Zelt doch schnell eine bedrohliche Situation. Doch diesmal hält das Zelt, und am nächsten Tag leuchtet der arktische Mohn so intensiv durch den Neuschnee, dass uns die Schönheit der Arktis alle Bedrohungen schnell vergessen lässt.

Die Inuit leben ständig mit dieser Bedrohung und sind doch stets heiter. Heute morgen lenken zwei Inuit-Jäger ihr Motorboot in unsere Richtung, nachdem sie unsere Zelte gesichtet hatten. Wir schütteln uns die Hände und wissen, dass wir von diesen einfachen Menschen immer Hilfe erwarten können, wenn es nötig ist. Später hören wir, dass die beiden selbst in Lebensgefahr gerieten, als sie mit ihrem Boot auf der Devon-Insel Schiffbruch erlitten. Sie fuhren mit ihrem winzigen Boot über die 120 Kilometer breite Wasserfläche des Lancaster-Sound um Moschusochsen zu jagen. Gemessen an den vielen Bootswracks an den Ufern des Navy-Board-Inlet darf man den Eskimos wohl generell keine großen Navigationskünste zutrauen.

Mein Urlaub ist etwas eher zu Ende als der meiner Freunde. So bin ich am Ende unseres Rundkurses einige Tage lang allein auf der Rückreise. Jetzt bin ich den Stimmungen der Natur – den fröhlichen wie den düsteren – weit mehr ausgesetzt als vorher. Vor allem den düsteren: Das Gebirge erscheint mir urweltlicher, Lotrecht steigen die von rinnendem Wasser überzogenen Fjordwände des Tay-Sound in die Wolkendecke. Wenn die Sonne einmal durchkommt, beleuchtet sie himmelhohe neuschneebedeckte Bergflanken.

Ich habe noch einige große Fjordüberfahrten bei stürmischer See vor mir, ehe ich die Flachküste, an der auch Pond Inlet liegt, erreichen kann. Aus den Fjorden ohne Boot wieder herauszukommen wäre unmöglich. Ein Fußmarsch über mehrere hundert Kilometer, an schroffen Felswänden entlang und über Gletscher wäre nicht zu schaffen. So bin ich am nächsten Tag erleichtert, die Fjorde hinter mir zu haben und an der offenen Tundraküste über Sandstrand und Seetang einen Zeltplatz zu erreichen.

Am nächsten Morgen nähert sich von Nordwesten rasch eine geschlossene Treibeisdecke. Ist der Sommer schon zu Ende? Nun erst fällt mir auf, dass die Schneegänse mit ihren gerade flügge gewordenen Jungen seit Tagen nach Süden ziehen. So springe ich in das Kajak um der Umarmung des Eises zuvorzukommen. Doch hinter dem Eisfeld glänzt wieder freies Wasser. Die Panik war umsonst.

Pond Inlet: Nach vier Wochen Einsamkeit für mich jetzt eine richtige Stadt. Beim Gang zum Flughafen fällt Schnee aus einem grauen sibirischen Himmel. Trotz Tageslicht brennen alle Laternen. Jemand fegt den Schnee von den Flügeln der Propellermaschine.

Wie tröstlich doch so ein Flugzeug! So kann ich dem arktischen Winter entkommen. Morgen, in Montreal, das weiß ich vom Wetterbericht, wird es schwül sein, 30 Grad im Schatten. Die Leute werden in Shorts und in Sommerkleidern umherlaufen. Wie farbig das Leben doch sein kann!

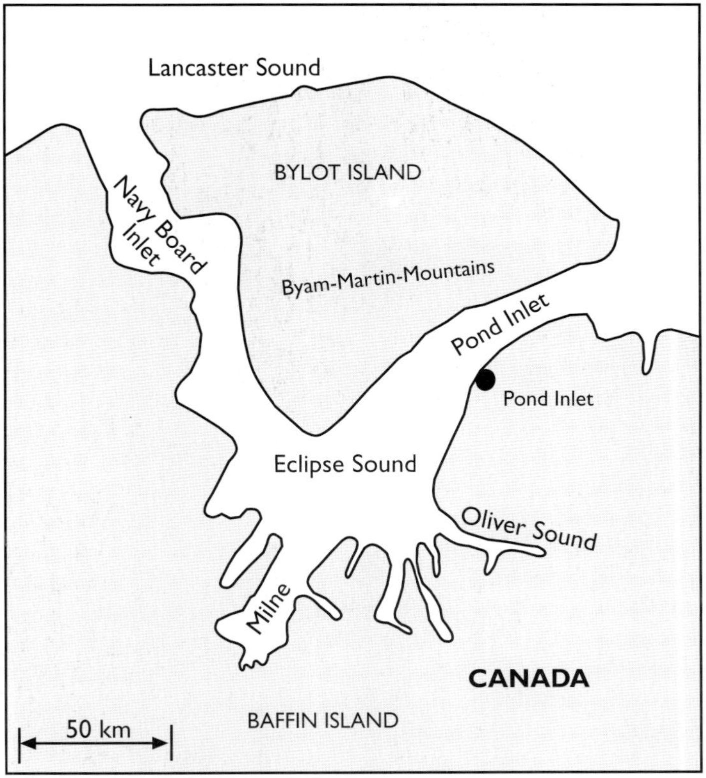

Kurzinformation

Allgemeines

Der Norden der riesigen Baffin-Insel bietet arktische Bilder von großer Eindringlichkeit. Trotzdem ist diese Landschaft dank des modernen Luftverkehrs leicht erreichbar. Allerdings ist dieses Paddlerrevier nur routinierten Paddlern mit Wildniserfahrung zu empfehlen. Ein solches Unternehmen hat fast Expeditionscharakter.

Landschaft

Vorherrschend sind großräumige, bergige Tundralandschaften, aber es gibt auch atemberaubende Fjorde und Gletscher- und Moränenlandschaften, lebende Eiszeit. Außer an den steilen Fjordküsten ist überall Sand- oder Kiesstrand vorzufinden, daher kein Mangel an schönen Zeltplätzen.

Klima

Der arktische Sommer währt von Juni bis August, aber auch dann kann es jederzeit Schneefall, Kälteeinbrüche und Stürme geben. Da das Meereis kaum vor Ende Juli aufbricht, sind Kajaktouren eigentlich nur im August möglich; der September kann schon wieder winterlichen Charakter haben.

Verkehrsmittel

Tägliche Flugverbindung von Ottawa nach Iqaluit (früher Frobisher Bay) auf Süd-Baffin mit Großraumflugzeugen. Weiter geht es mit großen Propellermaschinen bis Pond Inlet. Dort besteht keinerlei Verkehrs-Infrastruktur, das heißt die Landschaft ist ideal mit dem Kajak zu erkunden, man ist aber dabei völlig auf sich allein gestellt.

Inuit-Kultur

Auf Baffin wohnen fast nur Inuit. Viele von ihnen gehen noch heute wie eh und je der Jagd nach. Im Sommer erwacht die alte Reiselust, und viele Familien beziehen Zeltlager in der Einsamkeit, um zu jagen. Trotzdem ist die ursprüngliche Eskimokultur ziemlich verschwunden, weit mehr etwa als in Grönland. Das Kajak wird hier gar nicht mehr benutzt und der Hundeschlitten ist fast restlos durch Schneemobile ersetzt. Leider haben die Inuit auch keinen Sinn für saubere Umwelt, Müll und Schrott verunziert manche Küste.
Bemerkenswert sind einige prähistorische Wohnplätze der Inuit mit jahrtausende alten Hausresten. Die heutigen Inuit haben – ähnlich wie in Grönland – wunderbare Skulpturen aus Speckstein anzubieten.

Ausrüstung

Sie muss hundertprozentig stimmen. Ein im Sturm zerfetztes Billigzelt kann den Tod durch Unterkühlung bedeuten. Ein Trockenanzug ist angebracht. Verpflegungskauf in Pond Inlet (Supermarkt), Trinkwasser überall in der Landschaft. Problematisch ist das Beschaffen eines Gewehrs gegen die Eisbärgefahr. Ausländer können in Kanada keine Schusswaffen kaufen. Am besten ist es, eine Waffe von zu Hause mitzubringen (wenn man dazu Zugang hat).

Gefahren

Wie überall in der Arktis: in erster Linie Unterkühlung, daher Kenterungen verboten! Eisbären sind im Sommer selten, aber durchaus vorhanden. Sie sind nur gefährlich, wenn ausgehungert, was man ihnen aber nicht ansehen kann. In Pond Inlet empfiehlt einem jedermann die Mitnahme eines Gewehrs.

Bei der Polizei (RCMP) sollte man sich ab- und wieder anmelden, um im Notfall Suchaktionen zu ermöglichen.

Karten / Literatur

Amtliche kanadische Landkarten 1:250.000 oder kanadische Seekarte in gleichem Maßstab (‚Bylot Island and adjacent Channels'). Als Lektüre: Katherin Scherman: Arktischer Frühling' (Paul List Verlag München 1957; vergriffen, aber ggf. in öffentlichen Büchereien) schildert Landschaft und Eskimoleben um Pond Inlet sehr eindrucksvoll.

Die Byam-Martin-Mountains, unberührt wie am ersten Schöpfungstage.

Schon nach wenigen Kilometern hinter Pont Inlet sind wir in einsamer Urlandschaft.
Jetzt – Anfang August – ist das Meereis gerade aufgebrochen und nach Norden abgetrieben, nur noch Reste liegen am Ufer. Die Sonne brennt wegen der klaren Luft sehr intensiv.

Grönland – ein Paddlertraum

Start in Uummannaq

Elf Kilometer über Grönlands Westküste: Eisgefüllte Fjorde, Gletscherzungen, Inlandeis aus dem Fenster eines Großraumjets. So wurde der Wunsch, diese Landschaft aus Meer, Hochgebirge und Arktis im Faltboot zu erleben, auf einem Nordamerika-Flug geboren.

Der Uummannaq-Fjord war uns auch aus der Literatur bekannt. Hier schleppte Alfred Wegener 1930 seinen Propellerschlitten aufs Inlandeis. Hier auch drehte Arnold Fanck 1932 seinen berühmt gewordenen Film ‚SOS Eisberg', worüber Dr. Ernst Sorge ein eindrucksvolles Buch schrieb ‚Mit Flugzeug, Faltboot und Filmkamera in den Eisfjorden Grönlands', Berlin 1933).

Und jetzt streift unser Hubschrauber dicht über die Gletscherwelt von Nuussuaq, der großen Halbinsel südlich von Uummannaq, hinweg: Eine Welt wie vor 10.000 Jahren in Europa: Eiszeit.

Uummannaq (Umanak): Grönländer, Schlittenhunde, Trangestank, unsere Expeditionskiste am Kai. Faltboote entstehen unter kritischem Blick rotznäsiger Kinder.

Treibeis klirrt um uns: Zwei Zweierfaltboote, ich im Einer. ‚Growler', Mini-Eisberge, wälzen sich unvermutet im flaschengrünen Seewasser. Gewaltige Eisberge verlangen Umwege, und die Tausendmeterwand von Storöen zwingt den Kopf in den Nacken. Das Wasser eiskalt, die Sonne heiß, wir paddeln auf eine Hochgebirgskulisse zu, so unwirklich, dass wir zu träumen glauben.

Zu den kleinen Außensiedlungen

Ikerasak: Kleine Spielzeughäuschen vor gewaltiger Bergkulisse. Alfred, ein Einwohner, begrüßt uns auf deutsch-englisch-dänisch, erzählt von tausenden von Paddlern (wir horchen auf) – vor 8.000 Jahren in dieser Bucht, vom strafenden Blick des Narwals, der seinen Finger am Abzug des Gewehrs lähmte, und von der Mumie in den Bergen, mit der er sich gelegentlich unterhält. Wir blicken in sein Rasenhaus, gemütlich durch Eisbärfell und Petroleumofen. Aus einem der Spielzeughäuser eine Einladung zum Kaffeetrinken: Ein altes Ehepaar beim Braten der in Massen zu fangenden Angmassetten (Lodde, ein kleiner Fisch). Das gleiche Ehepaar auf Fotos an der Wand, bei der Eskimorolle im Kajak. Die unnachahmliche Handbewegung der Alten, die Paddelführung bei der Rolle andeutend, gibt den Fotos Echtheitsgarantie.

Der Fjord zum Storegletscher: Auf ihm wollen wir das Inlandeis erreichen, aber er ist mit Eisbergen vollgestopft. Wir müssen es woanders versuchen. Wir wenden uns nach Norden, zur Drygalski-Halbinsel. Das viele Eis verhindert Seegang. Wir finden einen Granitstrand, Quellwasser vom Feinsten, brennende Julisonne zum Faulenzen. Aber der Tundrahang voller arktischem Mohn lockt zu steilem Aufstieg. Tausend Höhenmeter ohne Weg, dann aber unvergesslicher Blick auf Meer, Fjord und den Horizont ausfüllendes Inlandeis.

Saattut: Ein anderes Dorf mit Spielzeughäuschen auf Granitfelsen, heulende Schlittenhunde, aber kein Mensch weit und breit. Die sind alle auf der nahen ‚Speckinsel', wie wir mit dem Fernglas erkennen. Dort wird ein Finnwal, illegal erlegt, geschlachtet. Jeder schwingt das Flensmesser oder das Ulu und säbelt so schnell er kann, bevor die Polizei aus Uummannaq eintrifft. Denn auch in Grönland ist der Walfang verboten, mit Ausnahme ganz weniger Exemplare für einige Außensiedlungen. Am nächsten Morgen ist das Dorf wieder belebt. Beim Kaufmann ist alles an Nahrungsmitteln zu bekommen, was wir vorsorglich für vier Wochen im voraus gebunkert hatten, und ein Telefongespräch in die Heimat gelingt mühelos. Wir sind zwar geografisch in Amerika, aber politisch in Dänemark.

Arktisches Paddeln

‚In Grönland kann man nicht paddeln', meinte ein erfahrener Grönlandreisender, ‚Einmal gekentert, dauert es höchstens zwei Minuten bis zum Ende, außerdem ist dein Faltboot in kürzester Zeit vom Treibeis zerschunden.' Ich stelle fest: Das Paddeln ist viel einfacher als auf der Nordsee oder in der Ägäis. Keine Brandung, kein hoher Seegang, keine großen Tidenunterschiede. Gegen das Kentern hilft am besten eine fundierte Paddelerfahrung. Außerdem gibt es gegen Unterkühlung Spezialkleidung. Die Gefahr der Beschädigung der Faltboothaut durch Treibeis erwies sich, wie schon vermutet, als gegenstandslos. Fuhren nicht auch die Grönländer mit fell- oder leinenbespannten Booten in diesen Gewässern? Also Seekajakfahren für Anfänger? Nein! Jede Kenterung, vielleicht sogar bei ruhiger See ‚aus Versehen' kann lebensbedrohend sein. Mit dem vollbepacktem Faltboot wird die Eskimorolle nicht gelingen, also müssen die Wiedereinstiegsmethoden perfekt beherrscht werden, um Unterkühlung zu vermeiden. Auch die starken Föhn-

Noch sind die jungen Schneegänse nicht flügge, der Winter darf noch nicht hereinbrechen. Auch die erwachsenen Tiere sind wegen der Mauser flugunfähig. Sie sind in dieser Zeit besonders scheu und schwer vor die Kamera zu bekommen.

Aus hoher Wolkenwand fließen breite Gletscherströme zum Meer herunter (Bylot Island).
So muss es zur Eiszeit auch in Europa ausgesehen haben.

Die kleine Außensiedlung Saattut im Uummannaq-Bezirk. Hier ist die Natur übermächtig. Die nackten Felsriesen der Insel Appat lassen die menschliche Siedlung winzig erscheinen.

stürme in den Fjorden verlangen einen ‚gelernten Paddler'. Und leichtsinnig dürfen wir auch nicht werden. Anders als die weitgereisten Eisberge Kanadas, sind die grönländischen noch jung, ungestüm und unberechenbar. Manchmal krachen kilometerlange hohe Eisfestungen ohne Vorwarnung auseinander, dann jagt die Gischt hundert Meter hoch. Die Kante des Inlandeises kalbt Eisberge von gewaltigen Ausmaßen ab, wodurch Wellen erzeugt werden, die das harmlose Treibeis zu donnernden Schrapnells verwandelt. Hier hilft nur Abstand halten.

Heiße Sonne im Norden

Heute sind wir leichtsinnig: Unsere Zelte stehen nur wenige Dezimeter über der Hochwasserlinie auf der Insel Upernivik. Es ist einfach ein zu verlockender Platz. Der freie Blick nach Norden lässt uns die Sonne nicht untergehen, sodass wir noch zu Mitternacht nackt umherlaufen. Hinter uns windet sich ein Gletscherstrom, durch seine Mittelmoränen wie eine achtspurige Autobahn anzuschauen, aus dunkler Hochgebirgswelt herunter. Wir lassen wegen der nächtlichen Sonne die Zelte offen und hoffen, dass uns kein drehender Eisberg Wellen in die Zelte schickt. Es geht gut, weshalb wir uns versprechen, den Sicherungsabstand zum Meer künftig zu respektieren.

In Nuliarfiq auf der Insel Karrat hatte Arnold Fanck 1932 sein Filmlager eingerichtet. Ernst Udet flog mit seinem Doppeldecker um die Eisberge und Leni Riefenstahl badete in Gletscherseen auf schwimmenden Eisbergen. Aber nicht diese Leichtsinnigkeiten sind bemerkenswert, sondern die Tatsache, dass damals Nuliarfiq eine blühende Eskimosiedlung war, und Fanck mühelos hundert Eskimos auftrieb, die alle gleichzeitig für den Film Eskimorollen vorführten. Heute erinnert nur noch ein ‚Fangsthus'. von Abfällen und Gestank umgeben, an diese Siedlung. Dafür dürfen wir in einem unglaublich dichten Blumenteppich zelten und von hoher Warte auf einen der größten Eisfjorde Grönlands hinunterschauen. Anders als der touristisch bekannte Jakobshavner Isfjord ist der Rinkfjord (Kangidleq) von über 2.000 Metern hohen Bergen umrahmt und zeigt unvergleichliche alpine Bilder.

Die letzten Eskimo-Kajaks

Eskimo-Kajaks werden von den Grönländern noch heute als optimal für die Robbenjagd bezeichnet, und doch kaum noch benutzt. Zu verführerisch ist das ‚Over-Power-Feeling' im Speedboat. In Illorsuit finden wir auf den hundesicheren Kajakgestellen noch einige sehr schöne Kajaks mit Seehundshaut und Elfenbein-Schnitzereien, mit Fangblase und Speerschleuder. All diesen Kunstwerken gemeinsam ist aber ein langsamer Verfall. Umso erstaunter sind wir, als unsere Anwesenheit einen Einwohner veranlasst, sein Kajak zum Strand zu tragen und uns eine Vorführung zu geben. Wir bitten den Mann, übrigens ein Einmeterachtzig-Riese, uns auch einmal paddeln zu lassen, aber keinem von uns gelingt es, in das enge Boot hineinzukommen. Offenbar können die Grönländer ihre Knie nach hinten klappen.

Im Land der Gerfalken

Den Kangidleq hineinzufahren, trauen wir uns wegen der massiven Eisbedeckung nicht. Wenn der Rinkgletscher am Fjordende eine Großkalbung verursacht – hier entstehen die größten Eisberge Grönlands –, dann ist der Fjord für einige Tage mit Eis vollgestopft. Dem Polarforscher Dr. Ernst Sorge wurde hier im Jahre 1932 das Faltboot durch eine Kalbungswelle zerschmettert. Er beschrieb die Abbruchkante des Gletschers mit 120 Metern als die höchste bekannte, und er berechnete die Eismasse einer Großkalbung auf einen halben bis einen Kubikkilometer.

Unsere Zelte stehen am Eingang des Rinkfjords und die Abbruchkante des Umiamako-Gletschers ist nur wenige Kilometer entfernt. Unser Versuch, zu Fuß dorthin zu kommen, misslingt, die Fjordufer sind ohne Kletterausrüstung nicht machbar. Aber der Nebel hat sich während unserer Wanderung gehoben und uns den Blick auf die 3 1/2 Kilometer breite und bis zu 60 Meter hohe Abbruchkante freigegeben Der arktische Mohn blüht in großen Mengen, Schneehasen kreuzen unseren Weg, und wir sind beglückt, zwei der selten gewordenen Gerfalken zu sehen, die uns in sausendem Flug umkreisen.

Wale vor Uummannaq

Der herzförmige Hochgebirgszacken der Insel Uummannaq liegt wieder auf unserem Kurs. Da ertönt – wie schon öfter auf unserer Reise – ein Schnaufen, diesmal aber in unserer unmittelbaren Nähe. Wir sehen die Atemwolke eines mächtigen Wals. Die dann auftauchende Finne gibt uns die Gewissheit, einen Finnwal vor uns zu haben. Wir wissen, dass Wale friedliche, aber auch

Am Kangidleq-Fjord, im Hintergrund der Johannis-Gletscher, der direkt auf die Eiskappe führt.

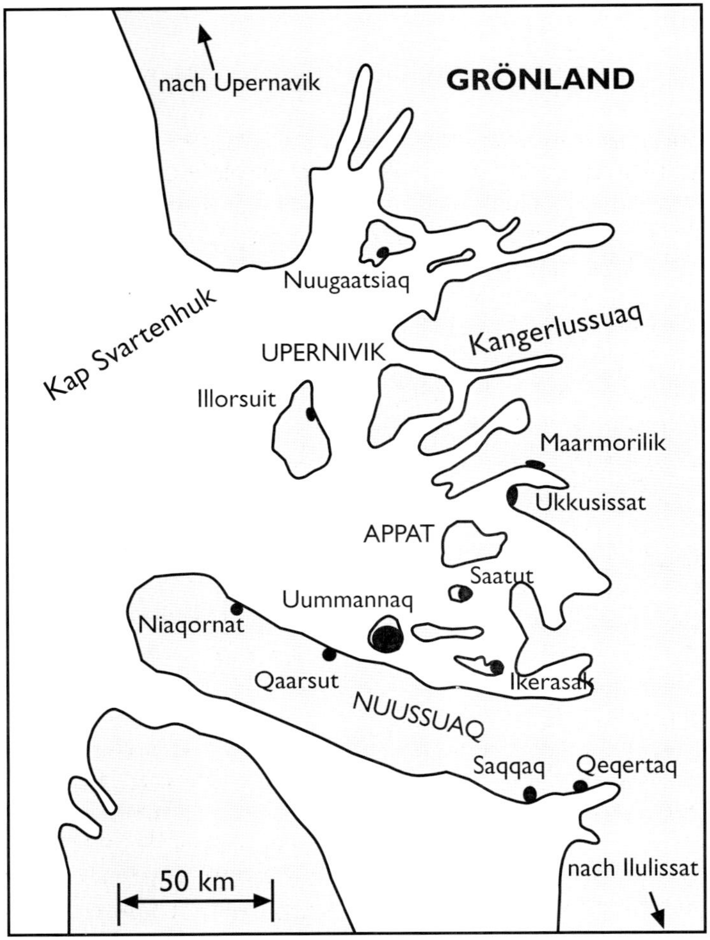

neugierige Riesen sind. Der wohl 20 Meter lange Koloss schwimmt elegant unter mein Boot hindurch und ist plötzlich neben mir, fast zum Anfassen. Dann hebt sich die Fluke aus dem Wasser und der Wal geht steil in die Tiefe.

Dieses Erlebnis versöhnt mich mit dem Gedanken, dass unsere Rundreise zuende geht und wir schon morgen Grönland aus elf Kilometern Höhe ein letztes Mal sehen werden können.

Kurzinformation siehe Seite 101.

Überall im Uummannaq-Bezirk trifft man auf die größten Eisberge der Arktis, die hier, vom Inlandeis geboren, ihre oft einige 1000 km weiten Reisen beginnen.

Arktisches Echoooo

Grönländischer Sommer

Eiskalter Wind empfängt uns in Ilulissat (Jakobshavn) auf dem Flughafen. Wir verlassen die Behaglichkeit der Ankunftshalle. Der Blick reicht weit über die Disko-Bucht, in der die große Insel Disko wie zum Greifen nahe liegt. Die Zivilisation hält uns nicht lange. Wir streben zum Eisfjord und sind bald dem Gerümpel und dem Hundekot, unvermeidliches Beiwerk jeder nordgrönländischen Siedlung, entronnen. Große Cirren aus Süden künden schlechtes Wetter an, aber noch scheint die Sonne, als wir den gewaltigen, mit Eisbergen und Eistrümmern aller Größe vollgestopften Eisfjord erblicken. Wir atmen zwei Tage lang die scharfe, klare Luft des Nordens, unsere Zelte hoch über dem Eisbergstrom. Abends drückt ein waagerechter Regenschauer die Zelte flach. Wir kuscheln uns in die Schlafsäcke. Schlackerschnee jagt vorbei.

Jakobshavn ist nur eine Zwischenstation, denn wir wollen nach Uummannaq. Es ist der kälteste Julibeginn, an den wir uns erinnern können.

Zwei Wochen später stehen unsere Zelte auf der Insel Upernivik, die Boote liegen auf dem flachen Sander des Qungulertussup Sermia (Sermia = Gletscher), die Luft flimmert vor Hitze. Seit über einer Woche haben wir wolkenlosen blauen Himmel, Tag und Nacht. Dieser Zeltplatz ist besonders heiß, weil uns die ganze Nacht die Sonne von Norden ins Zelt scheint. Noch mitternachts laufen wir nackt am Strand umher, während Eisberge langsam vorbeisegeln.

Fahrt zum Inlandeis

Das Meer liegt still in der Morgensonne, Eisberge so weit das Auge reicht: Karrat Isfjord. Die Insel Karrat liegt schwarz und steil darin. Wir genießen die Wärme der Sonnenstrahlung und paddeln mit freiem Oberkörper. Ins Wasser gefasst, spüren wir aber die Kontraste, ist es doch keine fünf Grad warm. Wir nähern uns dem Eingang des Kangerlussuaq, des ‚großen Fjords'. Und hier ist der Sommer schlagartig vorbei: Ein scharfer Föhnsturm bläst uns entgegen. Hinter einem Felsschutz werden Jacken, Mützen und Paddelpfötchen hervorgeholt, und mühsam, jeden Felsvorsprung ausnutzend, arbeiten wir uns am Ufer des Riesenfjords voran, zu allem Überfluss auch noch gegen eine heftig auslaufende Strömung. Selbst die um uns umherschwirrenden Gryllteiste haben Mühe, gegen den Sturm anzukommen. Eine Stunde lang kämpfen wir mit klammen Händen gegen die Naturgewalten, dann ist der Sturm urplötzlich erloschen, und die Sonne brennt wieder heiß vom Himmel. Gegenüber dem Sund Inukavsait – 25 Kilometer in den Fjord hineingepaddelt – finden wir endlich eine große Felsplatte, die uns das Zelten ermöglicht.

‚Naujat' steht auf der Landkarte, was soviel wie ‚Möwen' heißt. Auf himmelhohem Berg gibt es in der Tat eine Vogelkolonie, bewohnt von den großen, schneeweißen Eismöwen. Weitere 20 Kilometer fahren wir in den Fjord hinein, durch Eisberge hindurchlavierend. Ein strahlender Sommertag: 40 Grad in der Sonne! Von beiden Fjordwänden stürzen zahlreiche Gletscherzungen wie Erbrochenes hinunter, meist bis ins Meer, teilweise vom Moränenschutt schwarz wie Kohlen, stets von Spalten wild zerrissen.

Dann öffnet sich auf der Südseite die finstere Wand für eine blühende Wiese. Auf derem Rand, neben dem ‚Rejsehus' zelten wir. Das Rejsehus ist aus Grassoden, Felsblöcken und Brettern erbaut, leider aber völlig verwahrlost, eine wahre ‚Villa Fürchterlich'. Nächsten Tages geht es weitere 20 Kilometer nach Osten, auf das in der Ferne wie eine weiße Wolkenwand sichtbar werdende Inlandeis zu. Nur eine schwarze, senkrechte Felswand trennt uns noch von der grünen Wiesenlandschaft, die unser letzter Zeltplatz in diesem Riesenfjord werden soll.

Diese Felskante nennen die Grönländer ‚Nungutagsuaq', was so viel heißt wie ‚die letzte Große'. Diesem Namen macht sie alle Ehre, denn ein plötzlich einsetzender Föhnsturm wird von der Riesenkante so gebündelt, dass wir minutenlang auf der Stelle paddeln,und der Sturm uns die Paddel zu entreißen droht. Erst als Rolf – unfreiwillig – seine Mütze opfert – in drei Sekunden überfliegt sie 200 Meter höher den Grat – gelangen wir mit unseren Kajaks um die Ecke herum zu der sonnigen Blumenwiese, die Abbruchkante des Inlandeises jetzt direkt vor uns. Zu dieser vier Kilometer breiten, 50 bis 100 Meter hohen Eiswand laufen wir noch eine Stunde zu Fuß über steile Hänge, Blockwerk und Moränen. Endlich ist es soweit: Vor uns liegen 1.500 Kilometer Eis, bis zu drei Kilometer dick, ehe vom Nordatlantik her Fjorde wie Riesenfinger durch das Hochgebirge bis zum Inlandeis hineingreifen.

Inuitland

Nach wunderbarer, klarer und sonniger Nacht – ein struppiger Polarfuchs stand lange vor meinem offenen Zelteingang – wieder Nebel. Gut, dass wir gestern durch Vergleich einer Peilung mit der Karte die Missweisung des

Nur noch selten wird das Kajak von den Grönländern zur Jagd verwendet, und die Kunst des Kajakbaus gerät mehr und mehr in Vergessenheit.

Kompasses gemessen haben: 45 Grad. Bei Heinz sind es wegen der Konservenladung 90 Grad. Wir finden die kleine Außensiedlung Saatut, die zur Gemeinde Uummaannaq gehört, allerdings mehr mit der Nase als mit dem Kompass. Die Mischung aus Hundekot, Stockfischresten und vergammelndem Unrat begleitet alle diese Siedlungen. Erstaunlich, dass in all dem Müll adrett angezogene, saubere und freundliche Grönländer herumlaufen.

Weiter geht unser Paddelschlag zu der großen Hochgebirgsinsel Appat. In dichtem Nebel stoßen wir immer wieder auf mächtige weiße Wände: Eisberge. Bald kommt Gegenwind auf. Nicht der Wellengang macht uns zu schaffen – der ist durch das viele Eis gedämpft – sondern das eiskalte Spritzwasser. Die Hände sind längst gefühllos, die Kälte kriecht ins Innere, und die Küste ist Stunde um Stunde unzugänglich steil. Endlich ein Platz hoch über dem Strand, die Sonne bricht durch, und sogleich liegen die fernsten Inseln unter einem so frischen, leuchtenden Blau, wie es keine südliche Sonne hervorbringt.

Das Inuitdorf Appat ist verlassen. Nur eine letzte Torfhütte und viele menschliche Grabstätten erinnern noch an einstiges Leben. Auch unser nächster Rastplatz Qeqertat (was ‚die Insel' heißt) war einmal ein Wohnplatz der Inuit. Noch zu Alfred Wegeners Zeiten, um 1930, waren alle diese Siedlungen voller Leben. Danach hat die dänische Regierung aus Kostengründen viele Außensiedlungen zugunsten zentraler Orte umgesiedelt und damit einiges zum Erlöschen der Jahrtausende alten Lebensweise der Eskimos beigetragen.

Unser nächstes Ziel liegt nordwestlich (die Kompassnadel zeigt nach Norden): die eindrucksvollen Hochgebirgskulissen der Halbinseln ‚Alfred Wegener' und ‚Qioqe'. Obwohl ‚nur' 1.800 Meter hoch, wirkt das Bild wie ein Westalpenpanorama. Die hohen Gletscherkappen und durch steile Rinnen hinunterstürzende Gletscherzungen ergeben ein herbes, unberührtes Hochgebirgsbild.

‚Inukavsait' heißt der Sund, an dem abends unsere Zelte stehen. Kommt der Name von ‚Inuit', ‚Mensch'? Jedenfalls entdecken wir rings um unseren Zeltplatz primitive Gräber mit menschlichen Schädeln.

Wieder scheint am nächsten Morgen die Sonne in mein Zelt. Ich überlege, ob es wohl noch tief in der Nacht ist oder schon Zeit zum Aufstehen. Ein Kölner Dom aus Eis treibt lautlos vorbei. Dazu ertönt vom Sund her Schnaufen und Prusten. Schnaufen? Ich reiße mich aus den Träumen los, aber es ist Wirklichkeit: Zwei mächtige Finnwale ziehen vorüber. Mir ist feierlich zumute. Dies ist die Welt am Schöpfungstage.

Kurzinformation

Allgemeines
Reisen nach Grönland sind gar nicht so exotisch wie es zunächst scheint, Der zentrale Flughafen Kangerlussuaq (Söndre Strömfjord) wird von Kopenhagen aus mit modernen Großraumjets angeflogen, die Weiterreise geht bequem per Propellerflugzeug, Hubschrauber oder mit dem Küstenschiff. Alle angeflogenen Orte und viele der kleinen Siedlungen sind inzwischen modern ausgestattet: Kaufladen, Post, Bank, Elektrizitätswerk, Wasserversorgung. Nur Hotels sind auf wenige Punkte beschränkt (z.B. Ilulissat, Uummannaq), der moderne Tourist kriegt nur wenige Orte zu sehen, und die Landschaft allenfalls vom Schiff aus. So ist das Kajak hier in seinem Ursprungsland noch heute das sinnvollste Reisefahrzeug, wenn man das Land wirklich kennenlernen will. Boote und Ausrüstung schickt man am besten per Schiff vorweg an den Ausgangspunkt.

Landschaft
‚Außer auf den Landebahnen der wenigen Flughäfen findet sich in Grönland kein ebener Fleck auch nur für ein Zelt', meinte ein Reisender. Das ist gewiß übertrieben, charakterisiert aber das Terrain doch treffend: Fels, Eis, Schotter, aber auch Blütenmeere arktischer Blumen, lebendige Eiszeit. Der Umanak-Fjord, so groß wie die ganze Deutsche Bucht, bietet einen landschaftlichen Höhepunkt Grönlands. Es finden sich wildeste Hochgebirgsbilder, Gletscher jeder Größe, Meer und Fjorde voller gigantischer Eisberge.

Sehenswert
Natur und Landschaft in allererster Linie. Einzigartige Tierwelt (Wale, Robben, Seevögel, Schneehasen, Füchse, bei Söndre Strömfjord auch Rene und Moschusochsen), arktische Pflanzenwelt von großer und farbiger Vielfalt. Die alte Inuitkultur ist fast ausgestorben. Reste in den kleinen Siedlungen (Kajaks, Jagdgeräte) und in den interessanten Museen von Ilulissat und Uummannaq.

Klima
Ab Mitte Juni sind Meer und Fjorde meist genügend eisfrei zum Paddeln, ab Ende August wird es schon wieder winterlich kalt. Dazwischen liegen oft wochenlange Wetterperioden von traumhafter Schönheit. Es kann aber immer zu gewaltigen Stürmen und Kälteeinbrüchen kommen. In den inneren Fjorden oft Föhnstürme.

Ausrüstung/Gefahren
Komplette Seekajakausrüstung (auch Faltboote), wegen des kaum über null Grad kalten Wassers Trockenanzug empfehlenswert. Nur bestes, sturmsicheres Zeltmaterial mitnehmen.

Im Kangerlussuaq, dem ‚großen Fjord'. Überall fließen Gletscherströme aus dem Hochgebirge ins Meer hinunter.

Unsere Route führt durch ein Gewirr großer und kleiner Eisberge.

Moschusochsen sind die urigsten Tiere der Arktis. Sie wissen sich wirksam gegen Wölfe zu verteidigen. Auch der Fotograf sollte ihnen nicht zu nahe kommen. Bei Kangerlussuaq (Söndre Strömfjord) lebt eine große Herde, die ganzjährig unter Schutz steht.

Von Ikerasak blicken wir über den Fjord auf die Halbinsel Nuussuaq. Dichtes Treibeis versperrt uns den Weiterweg.

Dieses traditionelle Eskimo-Kajak wird noch gelgentlich für die Seehundjagd benutzt. Es ist mit Seehundleder bezogen (spätere Kajaks wurden mit Leinen oder Baumwolle überzogen und mit Lack abgedichtet). Das Foto stammt aus Saatut im Uummannaq-Bezirk.

Zwischen gewaltigen Eisbergen führt unsere Route durch den Fjord. Diese schönen Festungen aus blankem Eis können jederzeit auseinanderbrechen.

Auf steilem Felssims brüten unzählige Dreizehenmöven. Ihre Fluchtdistanz schrumpft zur Brutzeit auf wenige Meter.

Wegen des Eises herrscht selten hoher Seegang, aber eiskaltes Spritzwasser kann Kräfte lähmen (Paddelpfötchen!). Kenterungen sind immer lebensbedrohend. Berstende Eisberge ebenfalls, daher Abstand halten! Keinesfalls Eisberge betreten! In der Nähe großer Gletscherabbruchkanten (Inlandeis) sind hohe Kalbungswellen möglich, deshalb hochgelegene Lagerplätze wählen.

Karten/Literatur

Nötig sind Landkarten 1:250.000 des dänischen ‚Kort og Matrikel-Styreisen', DK 24oo Kopenhagen NV, Rentemestervej 8, Telefon 35875050/5310. Spezielle Paddelliteratur oder detaillierte Reiseführer gibt es nicht, allenfalls Mair's Weltführer: Grönland.

Kartenskizze siehe Seite 98.

Paddeln in der Eiszeit

Wie es in der Eiszeit in Deutschland einmal ausgesehen hat, schildern uns Geologen sehr genau Es muss eine eindrucksvolle Gletscherlandschaft gewesen sein, an der heutigen Ostsee und in den Alpen, vor 20.000 Jahren.

Wir wollen uns in die Zeitmaschine begeben, um Eiszeit noch einmal zu erleben, und zwar als Paddler und Seekajakfahrer. Nirgends auf der Welt ist dies besser möglich als in Grönland, der größten Insel der Welt. Sie ist von einem einzigen riesigen Gletscher bedeckt, der nur an den Küsten einen Streifen grünen Landes freilässt. Ein Küstensaum allerdings, der es in sich hat: Bunte Blumenwiesen vor zerrissenen Glescherzungen, tief ins Hochgebirge einschneidende Fjorde, haushohe schwimmende Eisberge.

Uns Paddler lockt noch anderes: Hier wurde in Jahrtausenden von den Inuit das Kajak, unser Sportgerät, entwickelt und vervollkommnet. Und hier ist das Zelt auf den Jagdreisen der Inuit noch immer die traditionelle Behausung.

Die Zeitmaschine bewirkt noch etwas für uns längst verloren Gegangenes: Es gibt keine Befahrungsverbote, keine Zeltverbote, keine Privatgrundstücke, keine Stacheldrähte, nur grenzenlose Freiheit.

So zieht es uns immer wieder nach ‚Kalaallit Nunaat', dem ‚großen Land', wo die Eiszeit heute noch zu besichtigen ist.

In Ammassalik

Unsere per Schiff vorausgeschickte Reisekiste mit den Faltbooten ist bei der Royal Arctic Line nicht aufzufinden, Ohne Boote bricht unsere gesamte Reiseplanung zusammen, ein umfassendes Kennenlernen von Land und Leuten ist kaum möglich. Telefonat nach Dänemark: Computerfehler! Wir werden nun doch fündig. So führen wir den erstaunten Grönländern vor, wie aus einem Sack Stangen und einer Gummihaut Kajaks entstehen. Die Grönländer liegen derweil im Gras, trinken Bier und werfen die Dosen hinter sich. Trotz Müllverbrennung ist Ammassalik voller Abfall. Überhaupt wirkt der Ort sehr europäisch, von den charakteristischen grönländischen Jagdgeräten ist kaum etwas zu sehen. Die für sehr viel Geld herbeigeflogenen Touristen, meist Deutsche und Schweizer, bekommen hier doch ein ziemlich einseitiges Grönlandbild. Etwas besser sind schon die Wanderurlauber dran, sie erleben wenigstens die urtümliche, weglose Berglandschaft und sehen vielleicht noch eine der kleinen Außensiedlungen. Wieviel besser sind wir mit unseren Kajaks dran, dem Reisegerät, das in dieser Landschaft einst wie selbstverständlich zuhause war! Also heraus aus der Bucht von Ammassalik zu den mächtigen Eisbergen und den Hochgebirgsfjorden!

Dieses Gewirr von Fjorden, Inseln, Sunden und Schären könnte ganze Armaden von Paddlern aufnehmen, ohne dass sich deren Kurse kreuzten. Hier beginnt das eigentliche Tasiilaq (der ursprüngliche Name vom Angmagssalik der Ostgrönländer). Fast an jeder Küstenecke, die uns als Zeltplatz geeignet erscheint, wohnten auch einmal die Inuit in kleinen Familienverbänden. Die Konzentrierung fast aller Bewohner auf den Hauptort ist erst jüngeren Datums; sie geschah, um die Versorgung der immer wieder von Hungersnöten betroffenen Bevölkerung zu sichern. Immerhin sind im Umkreis von 100 km noch sieben kleinere Siedlungen erhalten geblieben. Diese wollen wir auf unserer Fahrtenroute ansteuern, um vielleicht noch Reste alten Inuitlebens zu finden.

Am Sermilik

Das Barometer ist gestiegen über Nacht. Trotzdem ist die Felsszenerie bei der winzigen Siedlung Tiniteqilaaq grau. Es ist kalt. Wir frühstücken am Feuer. Bei der Abfahrt beginnt es zu regnen. Die schmutzigweißen Gletscher der Ammassalik-Insel tauchen in graue Wolkenfetzen. Der Sermilik-Fjord ist mit Eisbergen aller Größe vollgestopft. Meist sind es ‚Schrottberge', einsturzbereite, zu Klumpen zusammengeballte Eismassen. Das andauernde Bersten ferner Eisberge klingt wie Gewitter. Wir halten mit unseren Faltbooten größere Respektabstände zu den Eiskolossen als sonst. Gestern noch hatten wir in ‚Tini' einen australischen Seekajakfahrer getroffen, der unter einen sich drehenden Eisberg geraten und wie durch ein Wunder lebend davongekommen war. Die Arktis verlangt Respekt und Disziplin.

Mitten im Fjord haben wir unsere erste Walbegegnung: ein Buckelwal auf Kollisionskurs zu unseren Kajaks. Wir machen ein paar Rückwärtsschläge, dann ‚fährt' das Ungetüm direkt vor unseren Booten vorbei und hebt die breite Fluke, um wieder einige hundert Meter zu tauchen.

Das Urtier, Regenvorhänge vor Gletschern und unsere Slalomfahrt um die Eisberge, das alles erzeugt eine eigenartige Stimmung.

Verstärkt wird das Gefühl. der übermächtigen Natur ausgeliefert zu sein, noch beim Einbiegen in die Bucht von Kaporniagkat angertivat (die Ortsna-

Solche haushohen Eisberge sind für den Kajakfahrer nicht ungefährlich. Gelegentlich verlagert sich ihr Schwerpunkt, und sie beginnen sich – unter heftiger Wellenbildung – zu drehen. Oder innere Spannungen führen zum Zerspringen der Eisriesen, verbunden mit donnerartigem Getöse und heftiger Wellenbildung. Also heißt es Abstand zu halten und die Szenerie besser mit der langen Brennweite aufs Bild holen.

men bleiben uns ewig rätselhaft), deren Wände aus nacktem Granit den Blick zu einem absturzbereiten Hängegletscher hinauflenken.

Am Ende der Bucht bauen wir unsere kleinen Bergzelte auf Polstern von Krähenbeeren im Regen auf, bringen das Gepäck ins Trockene und tragen die leeren Faltboote so hoch ans Ufer, dass sie vor Kalbungswellen sicher sind. Erst dann kriechen wir in die Zelte und werfen die Petroleumkocher an: Gemütlichkeit in rauer arktischer Natur.

Im Packeis

Sermiligaaq ist die nördlichste Siedlung im Ammassalik-Gebiet. Der Name deutet auf den Eisfjord hin, der sich von hier nordwärts zum Inlandeis erstreckt. Trotz der großen Entfernungen zwischen den Außensiedlungen und trotz der weltenrückten Stimmung dieser ins Meer getauchten Hochgebirgslandschaft wurden wir doch gelegentlich durch die Motorengeräusche der kleinen Jagdboote der Grönländer daran erinnert, dass wir noch im Bereich der Zivilisation paddeln. Jetzt aber wollen wir weiter nach Nordosten, in das menschenleere Grönland vorstoßen. Unsere Nahrungsvorräte reichen für mehrere Wochen, ein geliehenes Gewehr soll uns ein vages Sicherheitsgefühl im Falle von Eisbärbegegnungen bieten.

Gleich nach Sermiligaaq kommt uns Treibeis entgegen. Aber noch gibt es genügend offene Rinnen. um schnell voranzukommen. Das Eis in den Fjorden ist meist Gletschereis, Eisberge und die viel kleineren Growler. Man kann hier durch geschicktes Slalomfahren auch bei starker Eisbedeckung noch ganz gut durchkommen. Dieses Treibeis an der Außenküste aber kommt uns in großen Tafeln entgegen, die tausende von Tonnen wiegen und die ein Faltboot ganz schnell zerquetschen können, wenn man bei den sich öffnenden und schließenden Rinnen nicht aufpasst.

Vor der Insel Jernø wird das Packeis massiver. Wir legen an der Inselspitze an, um nach einem Zeltplatz zu suchen, aber die schrägen Granitplatten bieten uns keine Chance. Erst jetzt, vom Land aus, sehen wir, wie schnell der starke Tidenstrom die Eisplatten vorbeitreibt, ein ziemlich bedrohlicher Anblick. Wir paddeln in den wenigen offenen Rinnen im Zickzack zur nächsten Insel. An steilem Felsufer werden die schweren Boote hinaufbalanciert. Die Zelte entstehen auf winzigen Plattformen hoch über der See. Das Bergpanorama könnte nicht großartiger sein. Es ist eine im Meer versunkene bizarre Alpenwelt.

Morgen werden wir umkehren. Wir sind auf Wanderfahrt und suchen nicht Risiken und Gefahren. Ein Bootsverlust in dieser menschenleeren Wildnis wäre eine zu große Herausforderung.

Wenn das Eis bricht

Johan Petersen war der Steuermann der Frauenboot-Expedition von Gustav Holm, die vor 100 Jahren die Eskimosiedlungen um Angmagssalik ‚entdeckte' (Welche Anmaßung! Die Eskimos selbst waren seit Jahrtausenden als Jäger hier sesshaft.). Nach Johan Petersen also ist der gewundene Fjord benannt, den die Karte als so verlockende Zufahrt zum Inlandeis zeigt.

‚Der Johan Petersen Fjord ist nur an wenigen Tagen im Jahr genügend eisfrei, um mit dem Boot hineinzukommen' hatte uns Robert Peroni, Ostgrönlandexperte in Ammassalik gesagt. ‚Das könnt ihr vergessen' meinte er, als wir unseren Plan erwähnten. Nun, vielleicht kennt er nicht die Eleganz eines Faltbootes beim Slalom um die Eisberge, denken wir, und starten unseren Versuch.

Tatsächlich stoßen wir in dem 40 km langen Fjord fast bis zum Ende vor, dann allerdings zwingt uns dichter Eisbrei von den Gletscherkalbungen zur Umkehr. Aber vorher erblicken wir noch eines der Wunder dieser Erde: Die 1000 km breite und bis zu 3000 Meter dicke Eismasse, die ganz Grönland bedeckt, stürzt hier in einer breiten, 1000 Meter hohen Steilwand in die Tiefe unseres Fjords herunter. Wir sind vom gleißenden Gegenlicht geblendet und können uns nur schwer zur Umkehr entschließen.

Die Gefahr ist in der Arktis allgegenwärtig, auch bei schönstem Sonnenschein im märchenhaften Eisfjord: Ein riesiger glatter Eisberg, 50 Meter vor unserem Bug, stößt auf ganzer Breite eine Eisplatte, groß wie ein Hochhaus, ab. Die sich brechende meterhohe Welle wandelt sich kurz vor unseren Booten in hohe, aber harmlose Dünung. Wir fahren Berg und Tal und haben großes Glück gehabt. So werden wir nachdrücklich an die Einhaltung der nötigen Sicherheitsabstände erinnert. Die Erregung legt sich, wir sind wieder im friedlichen Märchenfjord.

Die See geht hoch

Quer über den Sermilik-Fjord soll unsere Fahrt gehen 15 km, bei guter Sicht eigentlich trotz der zahlreichen Eisberge gar kein Problem. Aber wir haben dichten Nebel, also: Kompasskurs festlegen, Missweisung berücksichtigen und zwischen den Eisbrocken Slalom fahren, den schemenhaft auftauchenden großen Eisbergen ausweichen und nicht den Glauben verlieren, dass nach zwei Stunden dunkle Felswände vor unserem Kiel auftauchen werden. Obwohl der Nebel immer dichter wird, dürfen wir uns – wir sind vier Boote – nicht aus den Augen verlieren, denn die Gruppe bedeutet zusätzliche Sicherheit. Wie groß ist die Erleichterung, als wir endlich nicht nur die Felsküste

Rechts: Fahrt über den mit Eisbergen übersäten Sermilik-Fjord in Ostgrönland.

Wie winzig sind unsere Faltboote gegenüber den Eisbergen, die unter der Wasseroberfläche noch bis zu zehnmal größer sind als der sichtbare Teil.

Unten: Vom Gletschereis wunderbar glatt polierter Granitfels lädt zur Mittagsrast ein. Das Seewasser ist klar und durchsichtig wie in der Karibik.

vor uns sehen, sondern genau voraus die Häuser der winzigen Siedlung Ikaateg, unserem heutigen Ziel.

Am nächsten Morgen blendet uns wieder die Sonne, aber heftiger Sturm zerpflügt den Fjord, der hier im Außenbereich fast eisfrei ist. Heute wollen wir nach Ammassalik zurück, unsere Zeit ist um. Noch bricht die See nicht, wie im Fahrstuhl werden wir in unseren Kajaks meterhoch auf und ab bewegt. Nur an der Felsküste zur Linken sieht es beängstigend aus: Weiß brandet die See gegen senkrechte Ufer, oder sie läuft weit die schrägen Felsplatten hinauf. Bloß weg von der Küste! Am sichersten sind wir draußen auf See, an eine Landung ist nirgends zu denken. Ausgerechnet da bricht bei Wolfgangs Einer das Steuer weg. Wolfgang ist ein erfahrener Paddler, aber als Binnenländer zum ersten Mal im Kajak auf hoher See

Panikartig fährt er ans Ufer, um eine Brandungslücke zu suchen. Nur mühsam, gegen den Sturm schreiend, können wir ihn schließlich dazu bewegen, dieses gefährliche Vorhaben aufzugeben. Messerscharfe Felsen, die wir nur in den tiefsten Wellenphasen sehen, hätten eine leichte Beute gehabt. Nun muss er die Zähne zusammenbeißen und ohne Steuer mit uns bis zur schützenden Ammassalik-Bucht durchhalten. Ein gefahrvoller Höhepunkt am letzten Fahrtentag.

Kurzinformation

Allgemeines

Der Osten der riesigen Insel Grönland bietet arktische Bilder von großer Eindringlichkeit. Trotzdem ist diese Landschaft dank des modernen Luftverkehrs leicht erreichbar. Allerdings ist dieses Paddlerrevier nur routinierten Paddlern mit Wildniserfahrung zu empfehlen. Ein solches Unternehmen hat fast Expeditionscharakter.

Landschaft

Vorherrschend sind Hochgebirgslandschaften, durchzogen von Fjorden und Sunden. Eisberge, Gletscher und Inlandseis sind allgegenwärtig. Die Küsten sind grasbewachsen, Moränenlandschaften oder nackter Fels, auch Sandstrände. Zeltplätze zu finden, ist meist problemlos.

Klima

Der arktische Sommer währt von Juni bis August, aber auch dann kann es jederzeit Schneefall, Kälteeinbrüche und Stürme geben. Da das Meereis kaum vor Ende Juni aufbricht, sind Kajaktouren eigentlich nur in den Monaten Juli und August möglich; der September kann schon wieder winterlichen Charakter haben.

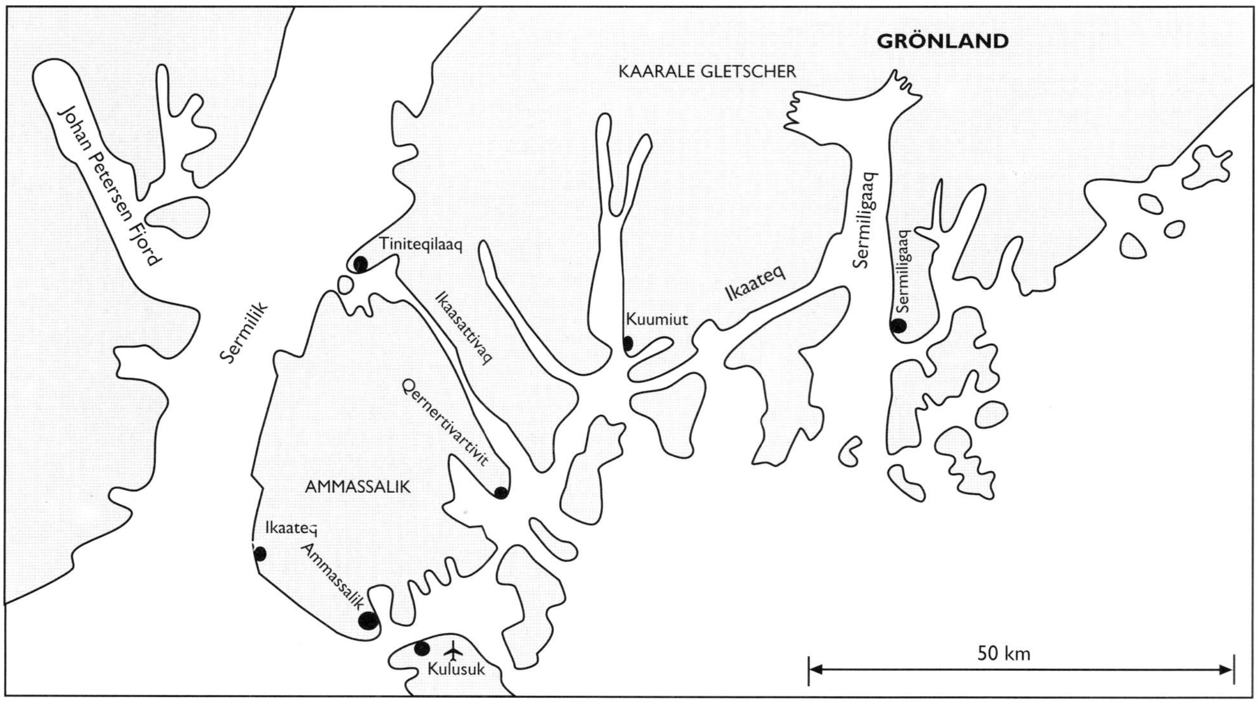

Bei strahlendem Sonnenschein und Windstille fühlen wir uns trotz der Eisberge und des eiskalten Wassers wie in südlichen Gefilden.

Die Tracht der Ostgrönländer wird an Feiertagen noch gern getragen. Charakteristisch sind die kunstvoll gestickten Glasperlenmuster.

Blick auf den Sermilik-Fjord zur stark vergletscherten Insel Ammassalik. Der Fjord ist mit Eisbergen aller Größen und mit Eisttrümmern fast vollständig bedeckt.

Neben dem Kajak benutzen die Inuit das Umiak, das ‚Frauenboot'. Es ist wesentlich größer und fasste oft ein Dutzend Personen und den Hausrat einer Familie. Das Umiak wurde mit Walrosshaut bespannt (in Alaska heute noch so gebaut und zur Jagd benutzt, allerdings mit modernen Außenbordmotoren bestückt).

Verkehrsmittel

Mehrmals wöchentliche Flugverbindung von Keflavik (Island) mit Grønlandsfly nach Kulusuk, von dort Hubschrauberanschluss nach Ammassalik. Kulusuk kann auch (umständlicher) von Søndre Strømfjord aus erreicht werden. Zwischen den Außensiedlungen und dem Hauptort gibt es mindestens wöchentliche Schiffsverbindungen.

Inuit-Kultur

Von der berühmten Eskimokultur sind heute nur noch Reste zu sehen. Zwar benutzt man allgemein noch Hundeschlitten, aber das Kajak hat fast nur noch museale Bedeutung. Die Ostküste Grönlands bietet in dieser Hinsicht auch nicht mehr als die westgrönländischen Siedlungen. Sehenswert ist in jedem Fall das kleine Museum in Ammassalik.

Ausrüstung

Sie muss hundertprozentig stimmen. Ein im Sturm zerfetztes Billigzelt kann den Tod durch Unterkühlung bedeuten. Ein Trockenanzug ist angebracht. Verpflegungskauf ist inzwischen in Ammassalik kein Problem mehr; selbst in einigen der Außenorte bekommt man im Laden Grundnahrungsmittel. Als Kocherbrennstoff ist Petroleum am weitesten verbreitet. Wegen der gelegentlich mit der Eisdrift auftretenden Eisbären ist die Mitnahme eines Gewehrs beruhigend. Man kann es problemlos leihen oder kaufen (aber ohne Waffenschein nur in Grönland mitführen). Trinkwasser gibt es überall reichlich (notfalls einen Eisberg schmelzen).

Gefahren

Wie überall in der Arktis: in erster Linie Unterkühlung, daher Kenterungen verboten! Eisbären sind im Sommer sehr selten. Eisberge stets mit Respekt behandeln (Abstand halten, keineswegs betreten!) Wenn Eisberge in der Nähe sind: Rast- und Zeltplatz einige Meter über der Hochwassermarke wählen. Bei großen Gletscherabbruchkanten noch wesentlich höher lagern. Gefährlich kann der Fallwind vom Inlandseis (‚Piteraq') sein, der gelegentlich Orkanstärke erreicht; erkennbar ist er an wasserfallartig über die Berge herabfallenden Wolken.

Karten / Literatur

Amtliche dänische Landkarten 1:250.000 (zu bekommen über Buchhandel/ Geo-Verlag oder in Kopenhagen: Kort- og Matrikelstyrelsen, Rentemestervej 8, DK 2400 Köbenhavn NV, Tel.35875050, Fax 35875051) In Ammassalik gibt es einen sehr brauchbaren Zusammendruck aus diesen Karten für das infrage kommende Gebiet.

In der sauberen Atmosphäre der grönländischen Arktis reicht der Blick oft zu fernsten Gebirgszügen.

Wenn das Eis bricht – Eine Kajak-Expedition in der Bering-See

Herbst 1992: Ich wusste, dass Tina und Jürgen für das Fernsehen eine Filmproduktion mit dem Arbeitstitel ‚Der eisige Vorhang, mit dem Kajak über die Bering-Straße' planten. Tina ist Fernsehproduzentin für Sport- und Abenteuersendungen. Jürgen, ihr Mann ist in der Kajak-Szene bekannt. Was für mich überraschend war: Ich erhalte eine Einladung, als Kajakfahrer an der Expedition teilzunehmen. ‚Mit nur einem Boot gibt der Film nichts her, und wir brauchen einen Seekajakfahrer mit Arktiserfahrung, deshalb möchten wir dich dabei haben'. Trotz meherer Kajakurlaube in arktischen Gewässern ist es mit

meiner ‚Arktiserfahrung' nicht weit her, und die Bering-Straße, fast 100 Kilometer breit, soll eine der stürmischsten Weltgegenden sein. Aber das Abenteuer lockt mächtig, und Zeit habe ich auch, also auf zur Bering-See!

Im Fernsehgelände herrscht hektische Betriebsamkeit: Ein Einer- und ein Zweierkajak werden in Holzkisten für die Luftfracht fertiggemacht, Ausrüstungen für die Expedition besorgt und Karten studiert.

In Alaska

Dann endlich, am 31. Mai sitzen wir im Flugzeug, schauen auf Grönlands Winterlandschaft, die endlosen Tundren der amerikanischen Arktis, das gewaltige Hochgebirge der Alaska-Range und das in großen Teilen der Bering-See noch eisbedeckte Meer.

Nome ist schon fast Sibirien, überwiegend von Eskimos bewohnt und eine Anhäufung von Holzhütten und Autowracks. Aber hier wohnt Jim Stimpfle, unser Outfitter, der nach dem Fall des eiseren Vorhangs als erster Kontakt zu den sibirischen Eskimos aufgenommen hatte. Er soll unsere Kajakfahrt mit dem Motorboot begleiten, für Proviant sorgen und uns bei den Eskimos einführen; er selbst ist mit einer Inuit verheiratet. Außer den schon erwähnten Personen besteht unsere Expedition noch aus dem Kameramann Arno und seinem Assistenten Norbert.

Um der Welt der Eskimos näherzukommen und um einige Kajakszenen zu filmen, bringt uns Jim nach Cape Wooley, weit draußen in der Tundra, wo er in einem Eskimo-Jagdcamp eine Holzhütte besitzt. Das Hüttendorf hinter einer Lagune, ein paar Motorboote für den Walrossfang und unsere kleine Zeltstadt sind für einige Tage unsere Umgebung. Die See brandet eiskalt an den Strand, Tundra breitet sich meilenweit vor die schneeüberzogenen Berge. Die Natur ist hier klar und rein wie überall in der von Menschen verschonten Arktis.

Bei den Dreharbeiten – Kamera auf dem Kajak montiert, hinten und vorn, auf hohem Stativ und direkt auf Deck, in hoher Brandung und Kenterrollen vollführend – zeigt uns die Natur schnell ihre Grenzen. Der Wind wird zum Sturm, die Finger werden vor Kälte gefühllos und auch unsere Trockenanzüge bannen nicht die Eiskälte des Nordsturms. Beim Knattern der Zeltwände finden wir nur schwer Schlaf. Wie sollen wir bei solchen Bedingungen die Bering-Straße kreuzen?

Russische Eskimos sind mit ihrem Walboot zum Picknick gekommen. Der Kaffee wird über offenem Feuer bereitet.

Auf nach Teller

Zunächst einmal geht es mit dem ganzen Gepäck (unsere Kameraleute sind in Sachen Gepäck maßlos), Motorboot und den Kajaks per Auto nach Teller, einem Eskimodorf am Ende der Welt. Diese Kennzeichnung der Eskimosiedlungen wird sich, wie wir noch erleben sollen, von Mal zu Mal steigern. Es ist erstaunlich, wie bescheiden, ärmlich und hart das Leben in diesen Vorposten der Arktis sein kann. Wenn dann noch Nebel und Sturm die Szenerie bereichern, ist bei uns sehr schnell das Gefühl völliger Trostlosigkeit erreicht.

Die Kajaks auf dem Dach des Motorbootes vertäut, viele Zentner Film- und Expeditionsgepäck geladen, will unser Motorboot nur schwer Fahrt aufnehmen. Aber die düstere Stimmung des hohen Nordens weicht urplötzlich dem Gefühl, einen der ersten Schöpfungstage mitzuerleben: In der Sonne gleißende Bergspitzen heben sich aus dem Nebel, Schneefelder zeichnen grafische Muster in glasklarer Ferne.

Brevig-Mission: Wieder ein Holzbudendorf, Öltanks, ein Flugfeld, Snow-Machines (Motorschlitten), Fourwheelers (Einmann- Tundrafahrzeuge), aber keine Autowracks, denn hier gibt es keine Straßen mehr. Und zwischen Abfall und Strand plötzlich ein archaisches Bild: Eine Eskimofamilie um ihr Jagdboot, der Jäger bewaffnet mit Gewehr, Messer und Harpunen, die Kinder rotznäsig und pausbäckig, die Großmutter mit so breitem, flachen und sonnenverbranntem Gesicht, dass die Nase kaum hervorschaut. Trotz aller Technik – das Boot ist aus Aluminium und mit mächtigen Außenbordmotoren bestückt – haben wir das Gefühl, in Urzeiten zurück versetzt zu sein.

Im Packeis vor Wales

Das elementare dieser Landschaft bekommen auch wir zu spüren: Bei Cape York versperrt uns Packeis den Weiterweg, ja auch den Rückweg. Wir ziehen das schwere Motorboot auf die Eiskante, stellen die Zelte in die Tundra und nutzen die Berge von Treibholz, die der Yukon aus Kanadas Wäldern hierher verfrachtet hat, zu großem Lagerfeuer. Es soll uns die Grizzlys, deren Spuren die Schneefelder durchziehen, fernhalten.

Morgens gibt uns das Eis wieder frei, Wales, das 160-Seelen-Dorf am westlichsten Punkt des amerikanischen Festlandes, ist unser nächstes Ziel. Einen Augenblick lang sehen wir die beiden in der Bering-Straße liegenden Inseln Diomede, davor den lotrechten Vogelfelsen Fairway Rock, und in unendlicher Ferne Asiens schneedurchwirkte Felsen. Dann kommt minutenschnell Sturm von Süden, und dicker Nebel hüllt alles in kalte, feuchte Tücher. Mein Gott, wie sollen wir bei solchem Wetter paddeln? Für eine kurze

Eine ‚Jaranda', das große Nomadenzelt der Tschuktschen. Mit dieser Behausung können die Rentierzüchter den Wanderungen ihrer aus mehreren tausend Tieren bestehenden Herde folgen.

Der Trommeltanz beginnt. Die großen, flachen, aus Walroß-mägen hergestellten Trommeln werden von unten mit elastischen Stöcken geschlagen. Die nach strengen Regeln verlaufenden Tänze werden schon von den Kinder einstudiert.

Arktischer Mohn. Trotz Kälte, Nebel und Finsternis zaubert die Arktis Blüten von großer Leuchtkraft hervor.

Die Diomede-Inseln in der Mitte der Bering-Straße sind ideale Vogelbrutstätten: Möwen, verschiedene Alkenarten und Kormorane nisten hier zu Hunderttausenden. Sie besiedeln die Inseln aus dem gleichen Grunde wie die Eskimos: Das Meer mit seinen schnellen Strömungen bringt reiche Nahrung.

Filmszene muss es trotzdem sein. Trotz Trockenanzug, Sturmhaube und Paddelpfötchen (ein spezieller Paddelhandschuh) sind wir nach zehn Minuten am Ende unserer körperlichen Möglichkeiten.

Unsere Zelte stehen im Dünensand, fast wie auf einer Nordseeinsel, nur dass um uns herum nicht Friesenhäuser, sondern windschiefe Holzhütten stehen, verrostete Snowmachines, Treibholz, Walrosskadaver und ein riesiger Iglu aus Holz, die Community-Hall der Eskimos von Wales. Heute abend spielen sie Bingo, eine Art Zahlenlotto, bei dem sie mühelos ihre Bargeldvorräte loswerden.

Einen Tag ausruhen, und schon haben wir den Zeitpunkt für die Überquerung versäumt: Sturm rüttelt an den Zelten.

Nebelfetzen jagen vorbei, es ist wenig über null Grad, feiner Sand rieselt durch alle Reißverschlüsse. Wenige hundert Meter landeinwärts, in der bergigen Tundra, scheint indes die Sonne. Von dort sehen wir die Bering-Straße unter wogendem Nebel oder vielmehr wir sehen sie nicht. Der Südsturm jagt um das Cape Prince of Wales wie in einen Trichter. Wer kann auch nur den Gedanken an eine Kajakfahrt in diesem heulenden Inferno haben? Wie konnten Eskimos schon vor Jahrtausenden mit winzigen Booten diese Meerenge überwinden? Wir verlegen uns aufs Warten.

Die Eskimos sprechen von mehreren bis zu acht Knoten schnellen Strömungen (das ist doppelte Rheingeschwindigkeit), mit denen der Pazifik nordwärts in den Polarozean durch das Nadelöhr Beringstraße drängt. Die in der Mitte der Meerenge liegenden Diomede-Inseln – eine gehört zu Alaska, die andere zu Russland – sind trotz Kompass bei Nebel wegen der schwer berechenbaren Strömungen leicht zu verfehlen. Außerdem reißt schon ein leichter Wind meterhohe Wellen in dieses tückische Meer.

Kurs West, Sibirien

Flattern die Zelte weniger als zuvor im Sturm? Ganz langsam schält sich aus der Nebelwand die 45 Kilometer entfernte Inselgruppe Diomede heraus. Der Nebel zieht ab. Die See wird zusehends ruhiger. Wir wollen sofort die Gelegenheit nutzen und machen unsere Kajaks klar:

Auftriebskörper aufblasen, Kompass montieren, automatisch aufblasbares Rettungskissen an Deck verzurren, Trockenanzug über Faserpelzbekleidung, Kopfhaube, Paddelpfötchen, Schwimmweste mit Pressluftvorrichtung. Wir sehen martialisch aus.

Das letzte Küsteneis bleibt hinter uns zurück. Weit vorne liegt Little Diomede, unser heutiges Ziel. Noch ist die Insel optisch nicht von der dahinter liegenden russischen Insel Big Diomede zu trennen. Auf halber Strecke liegt Fairway Rock: Kein Rettungsanker bei Notsituationen für uns, da der Ozeanschwell selbst bei Windstille an den senkrechten Felswänden kein Anlanden erlaubt.

Obwohl uns die Kameraleute mit dem Motorboot begleiten, ist die Überfahrt eine ernste Angelegenheit. Im Falle einer Kenterung müssen wir – falls die Eskimorolle misslingt – in wenigen Minuten den Wiedereinstieg in das labile schmale Boot geschafft haben, bevor uns die eisige Kälte dieses Ozeans gelähmt hat. Bis zu acht Stunden zügigen Paddelns haben wir kalkuliert. Dabei muss die Kraft auch am Schluss noch ausreichen, jede Welle richtig anzugehen und jeden Brecher sicher abzustützen. Tina und Jürgen haben es im Zweier keineswegs einfacher als ich im Einerkajak, denn das größere Boot reagiert langsamer. Nach zwei Stunden monotoner Paddelei beginnt sich die vor uns liegende Bergkulisse langsam zu verschieben. Zum Glück finden wir kaum Treibeis vor. Hier hätten wir Walrosse antreffen können, deren Neugier unseren Booten sehr gefährlich werden könnte (‚leicht mit dem Paddel aufs Maul stoßen‘, hatte uns ein Eskimo vor der Abfahrt noch geraten).

Ältere Eskimos in Wales erinnern sich noch an frühere Kajaküberquerungen durch Eingeborene. Auch gab es einige Versuche von englischen und amerikanischen Kajakfahrern, von denen nur vereinzelte glückten, während andere Boot und Ausrüstung verloren und wie durch ein Wunder von Eskimos aufgefischt wurden.

Halbzeit

Kurz vor Little Diomede kämpfen wir mit einer starken Strömung, die uns immer wieder an der Insel vorbei nach Norden entführen will. Inzwischen wird es höchste Zeit, an Land zu kommen, denn die Schönwetterperiode ist schon wieder zu Ende. Über dem Cape Prince of Wales liegt eine runde Wolkenkappe, untrügliches Zeichen für aufkommenden Sturm. Wir schaffen es rechtzeitig: Nach sechs Stunden Paddeln wanken wir durch eine Schar von Eskimokindern an Land. ‚What's your name? How old are you?‘ Wir sind in Little Diomede, nur zwei Kilometer vor uns liegt die russische Grenze.

Die hochmoderne Schule inmitten der am steilen Blockhang auf Stelzen gebauten Eskimohütten ist für einige Tage unser Domizil. Die Eskimos sind auch hier ganz der neuen Zeit verhaftet, American Food, Außenbordmotoren, Videokameras und Fernsehen gehören zu den Selbstverständlichkeiten, und dennoch ist die alte Tradition im Untergrund lebendig. Immer noch ist die Jagd auf Walrosse wichtiger Lebensinhalt. Neben der Konservennahrung spielt der Salat aus Weidenblättern (die Weiden- ‚Bäume‘ werden hier zehn Zentimeter hoch), getrockneter Lachs oder Walrossblubber in der Küche eine große Rolle. Immer noch sind die mit sechs bis zehn Männern besetzten Fangboote nach alter Überlieferung mit Walrosshäuten bespannt, und die alten Trommeltänze werden von allen Einwohnern begeistert getanzt.

21 Stunden Zeitverschiebung

Kap Dezhnjev und Mys Peek, die östlichsten Kaps Asiens, sind deutlich sichtbar, das Wetter hat sich wieder beruhigt. Die jetzt vor uns liegende Paddelstrecke ist über 50 Kilometer lang. Vor der russischen Insel Big Diomede müssten wir unsere Uhren um 21 Stunden weiterstellen, aber hoher Wellengang erfordert ständigen Paddelkontakt zum Wasser.

Nirgends (außer in Berlin) haben sich Amerikaner und Russen im Kalten Krieg so dicht gegenübergestanden wie hier. Wir erwarten, von russischem Militär angehalten zu werden. Aber die lebhaft bewegten Gewehrläufe zwischen den Felsen des Inselkaps erweisen sich beim Näherkommen als hochgereckte Walrosszähne; die gewaltigen Tiere, hier zum ersten Mal vor unseren Booten, leben hier gänzlich ohne Verfolgung.

Das Paddeln dauert diesmal endlos, die düstere Felsküste der Tschuktschen-Halbinsel will kaum näherkommen. Direkt beim Kap Peek liegt nach unserer Karte die Eskimosiedlung Naukan. Aber erst nach Stunden sehen wir zwei Häuser, Reste des zu Stalins Zeiten zerstörten Dorfes. Unsere Kräfte gehen auf den Rest. Mühsam bewegen wir die schmerzenden Schultern wie im Schlaf, bis wie endlich nach fast acht Stunden angestrengten Paddelns Sibiriens Strand unter den Booten fühlen und an Land taumeln: Asien! Amerika ist hinter dem Horizont versunken.

Aber welch düstere Szenerie! Ein Felskap wie Anthrazit, meterhohe Schneewülste am Strand, treibende Eisblöcke an der Küste. Wir müssen noch einmal in die Boote, um eine flachere Lagunenküste anzulaufen.

Tundra

Die Tundra Sibiriens gleicht der Alaskas vollkommen. Nicht endende wellige Berglandschaft, von Gräsern, Kräutern und knöchelhohem Weidengebüsch überwuchert, und jetzt im Sommer blütenüberzogen, in allen Farben leuchtend.

Wir haben, nur durch unsere Paddel angetrieben, einen neuen Kontinent erreicht, und wir spüren, dass wir durch diese blühende Tundra wandernd irgendwann Europa zu Fuß erreichen könnten. Aber es gibt hier nur Wildnis. Keine Straße führt nach Westen. Die nächste Eisenbahnstation ist 4.000 km entfernt.

Ein Panzer als Nachtwache

Unsere Zelte stehen im Nebel. Ein kleiner Panzer mit Grenzsoldaten ist in der Nacht aufmarschiert. Verständnisvoll gönnt man uns unseren Schlaf und verlegt die Passkontrolle auf den Morgen. Die Soldaten sind liebenswürdig und unkompliziert. Das umfangreiche Film- und Fotogepäck wird mit freundlichem Kopfnicken kaum zur Kenntnis genommen.

Die mit ihren kleinen Motorbooten angereisten alaskanischen Eskimos genießen ohnehin – seit 1989 – größere Reisefreiheit. Sie benötigen kein Visum. Sie sind gekommen, um ihre seit über 4o Jahren abgebrochene Verbindung zu Freunden und Verwandten in Sibirien wieder aufzunehmen. Daher drängt alles darauf, möglichst schnell zur nächsten Stadt, Lavrentiya, zu kommen.

‚Zivilisationsschock'

Die 70 Kilometer sind mit den Speedbooten in zwei Stunden geschafft, aber welch eine enttäuschende Stadt! Entgeistert stehen wir vor schier unübersehbaren Müll- und Schrottmengen, schäbigen Hütten und heruntergekommenen Wohnblocks, alles umhüllt vom Kohlenqualm der Heizwerke. Die Ureinwohner Alaskas, inzwischen zivilisierte Amerikaner, stehen fassungslos vor den Trümmern des russischen Reiches.

Die wenigen russischen Eskimos strömen herbei, und die große Herzlichkeit dieser sibirischen Menschen macht wieder gut, was diese Stadt an Hässlichkeit bietet. Auch wir Europäer spüren die russische Gastfreundschaft. Ein Ausflug mit den Booten der Eskimos bringt uns die Unendlichkeit und Reinheit der sibirischen Landschaft nahe. Ein Lager von Rentier- Tschuktschen dreht die Zeitmaschine, in die wir geraten sind, nochmals kräftig rückwärts. Wir spüren, dass diese Nomaden, die sehr einfach, aber in Übereinstimmung mit ihrer Tradition leben, ein letzter Relikt aus einer glücklicheren Zeit Sibiriens sind. Auch die Eskimos, die auf der Tschuktschen-Halbinsel nur noch 7.500 Köpfe zählen, kennen noch ihre alten Traditionen und verstehen sich auch sprachlich noch mit ihren Vettern aus Amerika.

Wir machen Bekanntschaft mit der russischen Bürokratie: Unsere Visa sind abgelaufen, und der Provinzstatthalter in Anadyr verlangt die Vorlage der Pässe und persönliches Erscheinen eines Mitglieds unserer Gruppe. So fliegt Tina zur 500 Kilometer entfernten Provinzhauptstadt. Anschließend unterbricht schlechtes Wetter für zehn Tage den Flugverkehr. Schließlich treffen wir mit Hilfe eines russischen Frachters in der Stadt Provideniya wieder zusammen und fliegen von dort mit einer amerikanischen Chartermaschine nach Nome zurück.

Sieben Wochen, viel länger als geplant, waren wir in den Tundren Alaskas und Sibiriens, haben mit Amerikanern, Eskimos und Russen zusammengelebt, und wir haben unser Ziel erreicht: die Querung der Bering-Straße von Amerika nach Asien.

Kurzinformation

Allgemeines

Anfang Juni bis Anfang August 1993 fand diese Reise statt. Sie übersteigt im Gegensatz zu allen anderen Schilderungen dieses Buches- den Rahmen dessen, was jeder erfahrene Kajakfahrer problemlos nachvollziehen kann (Schwierigkeitsgrad, Organisation, Zeit- und Geldaufwand). Dennoch ist eine Kajakfahrt in der beschriebenen arktischen Region, wenn es nicht gleich die Querung der Bering-Straße sein muss, ohne weiteres machbar und ungemein reizvoll.

Landschaft

Die gesamte Region liegt im Bereich der arktischen Tundra. Das Land wirkt, obwohl meist gebirgig, sehr großräumig.

Klima

Sehr unbeständiges Klima, aber auch wunderbare Sommerwochen, häufig Seenebel, heftige Winde sind jederzeit möglich.

Verkehrsmittel

Sowohl in Nordalaska als auch in Ostsibirien bestehen nur isolierte Straßennetze, so bietet das Flugzeug die einzige Anreisemöglichkeit. Linienverbindung mit Jet haben Nome, Kotzebue und Shishmaref. Mit kleineren Maschinen werden Teller, Brevig Mission und Wales angeflogen, mit Hubschrauber Little Diomede. Auf der sibirischen Seite sind Provideniya, Lavrentiya und Uelen

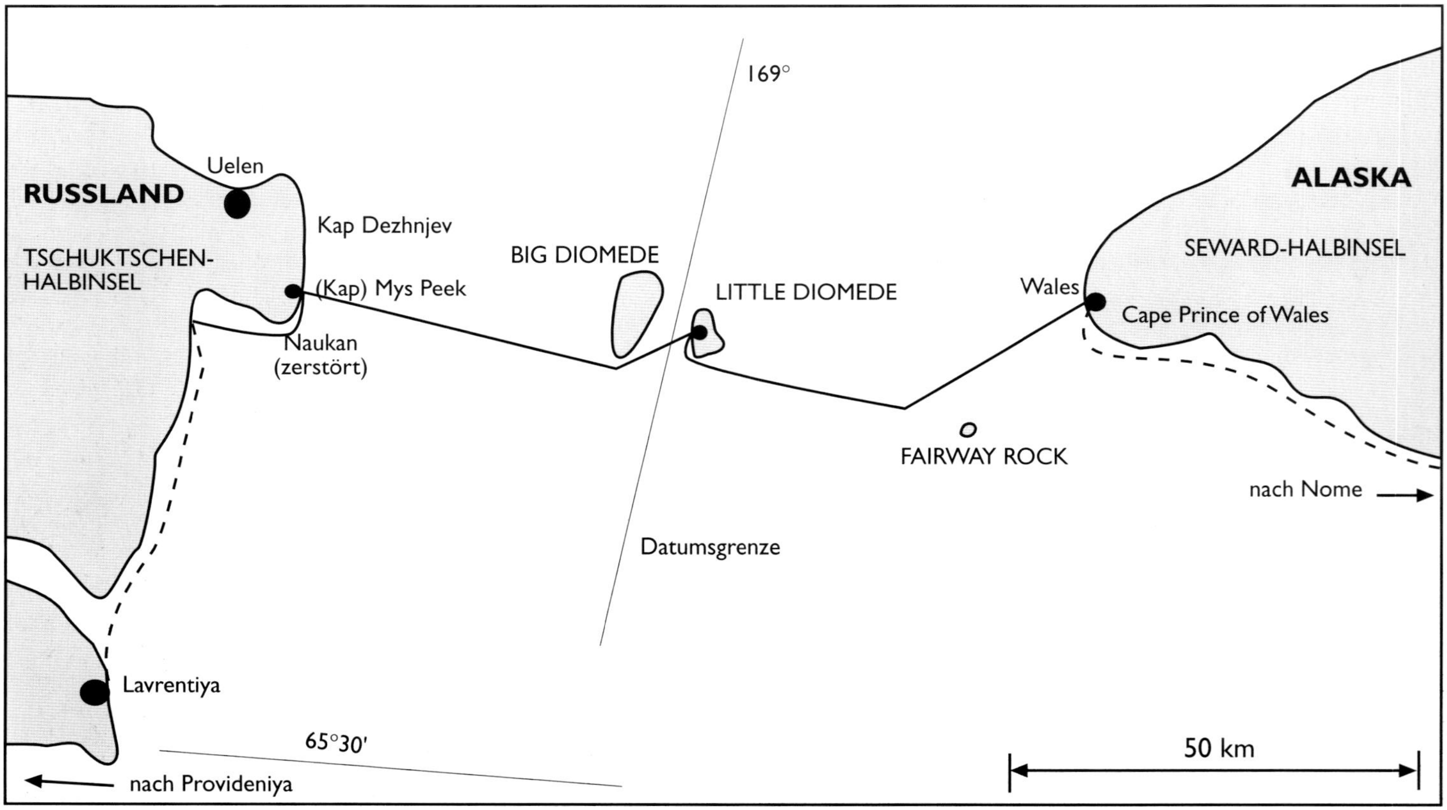

Die Bergschluchten der Diomede-Inseln sind auch im Hochsommer noch mit Lawinenschnee vollgepackt. Nur an wenigen Stellen dieser unzugänglichen Küsten können wir mit unseren Booten landen.

Walboot der sibirischen Eskimos vor steiler Fjordwand. Nur ab und zu gibt der Nebel einen Blick auf die Schneerinnen frei.

mit Aeroflot (über Anadyr) erreichbar. Für die Einreise nach Russland ist z.Zt. ein Visum erforderlich.

Erlebenswert

ist vor allem die reine arktische Natur, auch das reiche Tierleben, besonders aber auch das Leben der Eskimos und Tschuktschen mit ihren (schwindenden) Traditionen.

Gefahren

Auch den routinierten Paddler bringt ein Wetterumsturz in große Gefahr, wenn die rettende Küste nicht nahe ist. Kentern ist, wie in allen kalten Meeren, lebensgefährlich, daher ist neben völliger Bootsbeherrschung auch eine angepasste Ausrüstung (z.B. Trocken- oder Neoprenanzug) wichtig. Die Querung der Bering-Straße ist wegen der schwierigen Wetterprognose ohne Begleitboot immer als riskant einzustufen.

Karten / Literatur

Wir haben die auch bei uns erhältliche TPC-Karte (Tactical Pilotage Chart = Fliegerkarte) 1:500.000 ausreichend gefunden. Spezielle Paddel-Literatur ist mir für diese Küsten nicht bekannt. Hilfreich ist – wie immer in unbekannten Seegebieten – das Seehandbuch (Wetter, Eisverhältnisse, Strömungen etc.). Zur allgemeinen Einstimmung gut geeignet: James A. Michener: ‚Alaska'.

Von der Insel Yao Yai blickt man auf eine Gruppe der schroffen Felsinseln in der Phang-Nga-Bucht. Im Vordergrund ein ‚Geisterhäuschen', das dem Haushalt Glück und Wohlergehen sichern soll.

Ins tropische Asien

Begegnung mit Thailand

Braunes Bergland unter uns: Indien. Siedlungen, Straßen, Bergwälder. Von oben ein eintöniges Land. Wird es von der Erde aus den gleichen Eindruck machen? Sicher nicht, denn dem Wanderer erschließt sich fast jede Landschaft, erweckt Interesse. Nur der Ozean, über den das Flugzeug jetzt endlos hinwegfliegt, ist immer gleich und unendlich groß, die blaue Wüste unseres Planeten. Kein Schiff auf Stunden, aber dann doch ein Schimmer von Inseln, eher an den über ihnen liegenden Wolken als an der schwach glänzenden Küstenlinie zu erkennen: die Andamanen-Inseln, geheimnisvoll, einsam und von der endlosen See umbrandet, beherbergen sie die letzten wirklichen ‚Wilden' Indiens. Oder hat auch sie inzwischen Nestlé und Colgate erreicht?

In der Andamanen-See wollen wir paddeln, in der riesigen Bucht hinter Thailands größter Insel Phuket. Unser Touristenbomber zieht eine große Schleife über die Phang-Nga-Bucht, in der die urwaldbedeckten riesigen Felspilze, die wir sonst nur von chinesischen Porzellanvasen kennen, aufgereiht liegen.

Vor dem Flughafen schlägt uns die Tropenhitze wie mit einem Hammer vor den Kopf. Gut, dass der bestellte Kleinbus samt lächelndem Fahrer mit unserem Namensschild bereitsteht. Die Touristen fahren jetzt zu den Hotelklötzen an die Westküste Phukets, während wir morgen in einem billigen aber landestypischen Bungalowhotel im Süden der Insel den ersten tropischen Januarmorgen erleben werden.

Im klimatisierten Hotelzimmer verwandelt sich unser Faltbootgerümpel in schlanke Seekajaks. Die beiden ersten Tage sollen den Übergang vom norddeutschen Schlackerschnee in den siamesischen Tropenofen, dem Zusammenstellen der Ausrüstung und dem Provianteinkauf dienen.

Schnell lernen wir das freundliche Lächeln der Thais schätzen, fahren mit den lächerlich billigen Tuk-Tuks über die Insel, weinen in den Garküchen Tränen ob der überscharfen Speisen und bringen den Körper mit Singha-Bier und Kokosmilch zum nötigen Schweißausbruch.

Mein einziges richtig ausgesprochenes Wort in Thai lautet einstweilen ‚Sawaat dii khrap', was ‚Guten Tag' bedeutet, verbunden mit einem ‚wai', den zusammengelegten Handflächen und einer Verbeugung. Doch schon diese winzige Facette der melodischen Thaisprache unterscheidet uns von den meisten Pauschaltouristen, die der fremden Kultur gleichgültig gegenüberstehen, sich nur in die Sonne legen wollen und in erster Linie an dem Ambiente ihres Hotels interessiert sind.

Unsere ‚Hotels' sind winzige Zelte (das Innenleben eines Bootes ist begrenzt, Deckslast ist uns verpönt und überhaupt wollen wir ja ein Leben im Freien führen). Aber unsere ‚Hotels' stehen immer an landschaftlichen Höhepunkten, darin sind wir uns einig, und das ‚Ambiente' haben wir immer dabei; die Küchengeräte, einen Sack voller thailändischer Nahrungsmittel, etliche Liter Süßwasser, den Leinenschlafsack (mehr braucht es in den Tropen nicht), die wasserdichte Fotokiste, den sehr kleinen Kleiderbeutel und den größeren Bücher- und Kultursack.

Urwaldinseln und Faltboothöhlen

Die meisten der Inseln sind unbewohnt, schon wegen ihrer steilen unzugänglichen Felswände. Manchmal haben sie einen schmalen Sandstrand, der sich bei Niedrigwasser zu einem zakkigen Korallenstrand erweitert, bei Springtide aber auch schon einmal unsere Zelte baden gehen lässt.

Oft haben wir von den ‚Hongs' gelesen, den kleinen Meeresbuchten im Innern der Felseninseln. Solch einen Hong suchen wir jetzt hinter einem niedrigen Höhleneingang. In ihrem Inneren schlabbert die Dünung. „Wenn uns das Hochwasser hier einschließt, sind wir gefangen" meint Hermann. „Es ist fast Hochwasser, eigentlich kann uns nichts passieren", entgegne ich. Immerhin könnte aufkommender Seegang uns den Ausweg versperren, aber ich behalte meine Bedenken für mich, denn weit hinten lockt ein Streifen Sonnenlicht magisch im Bergesinneren. Und tatsächlich gelangen wir in ein kreisrundes Meeresauge, von senkrechten Wänden allseits umgeben und sogar mit einem kleinen Sandstrand und einigen Palmen ausgestattet.

Manche dieser Hongs waren selbst den einheimischen Fischern unbekannt, sind erst aus der Luft von Flugzeugen aus entdeckt worden, schreibt unser Reiseführer. Es sind perfekte Banditenverstecke, hätte sie nicht der Tourismus für sich entdeckt. Einige amerikanische ‚Abenteuer-Agenturen' haben das Touristengeschäft gewittert. Wir sehen mit Erstaunen, wie ein umgebauter Fischdampfer an die Höhlen heranfährt, die Touristen unter lautem Gekreische in für sie ungewohnt kippelige Kajaks verfrachtet werden und unter die Felsen hindurch zu dem Hong paddeln, wo dann ein exotisches Picknick aufgebaut wird. Ein Vergnügen, das mit einigen hundert Mark bezahlt sein will.

In der Inselgruppe Ko Hong (Ko=Insel, Hong=Zimmer) finden wir hinter einer eingestürzten Eingangshöhle einen besonders großen Hong, der leicht zugänglich ist. Mangroven säumen den Hintergrund, große Krabben liegen im glasklaren Wasser und von hoher Felswand zetern Affen herab. Hier haben wir sie, die exotische Welt chinesischer Tuschezeichnungen.

Thais und Touristen

Am Festland in der Nähe von Krabi kommen wir in eine ganz andere Welt: Der endlose Kokospalmenwald mit dem weißen Strand davor ist von kleinen Hütten belebt, hier leben Thais in einfachsten Verhältnissen, etliche sind Fischer, die am Abend zu den mehrstöckigen Booten hinauswaten. Diese Boote sind mit meterlangen Stangen versehen, an denen ganze Galerien starker Glühbirnen befestigt sind. Sie verwandeln die See nachts in ein Lichtermeer, um Tintenfische anzulocken. Diese werden dann am Strand auf großen Holzgestellen getrocknet. Unsere Fahrtroute führt jetzt über die Ko Dam Inseln und Ko Mai Phai zu den Phee Phee-Inseln (sprich Pi Pi). Zunächst also erreichen wir Ko Dam. Hier wimmelt es von Touristen, die mit Longtail-Booten von Krabi herangebracht werden. Die Longtail-Boote sind schöngeschnittene große Kanus, auf deren Achtersteven gewaltige Lärm- und Gestank verbreitende Maschinen stehen, an denen wiederum mehrere Meter lange Schraubenwellen sitzen (daher ‚Longtail'). Mit diesen über das Meer donnernden Booten wird ein buntes Touristenvolk auf die Inseln geschafft. Die stets züchtig gekleideten Thais haben sich dabei an den Anblick gewagtester Badebekleidung zu gewöhnen. Abends gehören die Inseln (und der zurückgelassene Müll) dann wieder uns allein.

Ausreichend Trinkwasser zu finden, ist nicht immer leicht. Einmal bietet mir ein freundlicher Thai eine Fahrt ins nächste Dorf auf dem Rücksitz seines Mopeds an, um dort Wasser zu holen. Ein anderes Mal ist ein Fischer gern bereit, uns mit seinem Longtail-Boot durch verwinkelte Mangrovenkanäle zu einem versteckten Moslemdorf zu kutschieren, wo wir Wasser aus einer Zisterne bekommen.

Auf Phee Phee finden wir eine winzige, tief eingeschnittene Bucht mit schönem Bade- und Zeltstrand. Doch auch die Touristenboote kennen das versteckte Paradies. Wir zählen an diesem Nachmittag mehr als 50 Longtail-Boote, die mit röhrendem Auspuff eine Runde ziehen und wieder verschwinden. Phee Phee ist in etlichen der voneinander abschreibenden Reiseführern als ‚schönste Insel der Welt' bezeichnet. So etwas lockt natürlich die Massen an. Eine gewaltige Budenstadt aus Andenken-, Restaurant-, Massage- und Postkartenhütten ist das Ergebnis. Für uns ist es der Endpunkt, aber keineswegs der Höhepunkt der Inselreise.

Unter Kokospalmen verwandeln sich unsere schlanken Faltboote wieder in klappernde Gerümpelsäcke. Ein Schnelldampfer bringt uns in wenigen Stunden nach Phuket Town zurück. Zinnminen, Gummiplantagen, Touristenburgen, sie haben nacheinander Phuket zur reichsten Provinz Thailands werden lassen. Bei der Ankunft im Hafen aber herrscht eher der Eindruck von asiatischem Chaos vor: einsturzbereite Kaimauern, verrottende Schiffe, verrostende Werftanlagen, ein unbeschreibliches Durcheinander. Aber das Chaos funktioniert. Sofort reißen uns die Tuk-Tuk-Fahrer das schwere Faltbootgepäck aus den Händen , und im Nu sind wir wieder in dem Hotel, wo unsere Reise begann. Unser Tuk-Tuk-Fahrer erzählt uns, sein Tagesumsatz liege umgerechnet bei DM 25,–.

„Damit lässt sich ganz gut leben", ergänzt er. „Und für diesen Betrag fahre ich morgen ganz allein für Sie, damit Sie die Insel besser kennenlernen". So quetschen wir uns dann anderntags zu fünft in das luftige Gefährt und fühlen uns als Sightseeing-Touristen. Immer wieder versucht unser geschäftstüchtiger Fahrer, uns von den Sehenswürdigkeiten weg in Touristenshops und Märkte zu locken, weil ihm dort offensichtlich Provision winkt. Aber es gelingt uns doch, die prächtigen goldverzierten Thai-Tempel und die von Furcht erregenden Drachen flankierten Chinesentempel zu besuchen, wir finden den zehn Meter langen liegenden Buddha und bewundern tausende von Schmetterlingen im Butterfly-Garden.

Am Flughafen gibt es endlose Schlangen. „Verzögerungen, abgestürzt" hören wir bruchstückhaft. Zum Glück ist es nur der Computer, der abgestürzt ist, und so sitzen wir bald wieder hoch über dem Indischen Ozean und folgen der untergehenden Sonne nach Westen. Der Januar geht zu Ende, in Deutschland empfängt uns Schlackerschnee. Ein weiteres Thai-Wort haben wir inzwischen gelernt: Laa gkoon khrap, auf Wiedersehen. Vielleicht im nächsten Winter, bevor uns Dunkelheit und Kälte zu sehr zusetzen.

Kurzinformation

Allgemeines

Thailand ist etwa so groß wie Deutschland, sechzig Millionen Menschen, meist Buddhisten (aber gerade um Phuket herum leben viele Moslems). Es ist also ein dicht bevölkertes Land. Die Thais sind zivilisiert und von großer Freundlichkeit.

Landschaft

Phuket ist eine gebirgige Insel, die Touristenstrände liegen überwiegend an der Westseite, während die Ostküste meist flach, manchmal schlammig ist. Das eigentliche Paddelrevier sind aber die vielen Inseln in der Phang-Na-Bucht, nach Süden zu bis nach Malaisia. Am eindrucksvollsten sind die schroffen Felsinseln in der Nordhälfte der Bucht. Allerdings ist hier das Seewassser durch Sedimente der hier einmündenden Flüsse getrübt, Tauchbegeisterte halten sich besser weiter südlich. Die Strände im Bereich der Felsinseln sind meist sehr schmal, nach Süden und am Festland ändert sich dies.

Sehenswert

Die siamesischen und chinesischen Tempel auf Phuket sind, obwohl meist neueren Datums, unerhört bunt und eindrucksvoll. Auch die meist auf Stelzen am flachen Strand gebauten Moslemdörfer bieten romantische Bilder. Das eigentlich sehenswerte ist aber die Natur: Bizarre Felsgestalten, von Urwald überzogen, große Palmenwälder, die ‚Hongs'.

Klima / beste Paddelzeit

Thailand ist ein tropisches Land mit geringen Klimaschwankungen im Jahresverlauf. Kennzeichnend sind dagegen die wechselnden Monsunzeiten: Von Mai bis Oktober bringt der Südwest-Monsun viel Regen und oft hohen Seegang, so dass dann zeitweise der Bootsverkehr zum Erliegen kommt. Von

November bis April herrscht der trockene Nordost-Monsun, der an der Oskûste wegen des Landschutzes keinen hohen Seegang verursacht. Allerdings können im letzten Jahresquartal Wirbelstürme (Taifune) auftreten. Die beste Paddelzeit währt also von Januar bis März.

Natürlich muss auch in dieser Zeit gelegentlich mit Starkwinden, die man besser an Land abreitet, gerechnet werden.

Formalitäten

Einreise bis zu 30 Tagen ohne Visum (Reisepass). Direkte Charterflüge von Deutschland nach Phuket. Faltboote und auch starre Kajaks können entweder kostenlos oder gegen geringen Pauschalpreis mitgenommen werden.

Währung: Baht, am besten in Phuket mit Kreditkarte besorgen. Der Wechselkurs ändert sich laufend, meist zu unseren Gunsten. Thailand ist ein billiges Reiseland. Auch der Besuch von Restaurants und der empfehlenswerten Garküchen ist sehr preiswert. Verständigung: Englisch ist zweite Umgangssprache.

Ausrüstung

Warme Kleidung ist völlig fehl am Platze, wichtig aber – für die ersten Tage – ein langärmeliges Hemd gegen Sonnenbrand. Das Zelt dient eigentlich nur dem Schutz vor Insekten. Das Boot muss natürlich salzwassertauglich sein (Seekajak, Faltboot), Steuer, Spritzdecke, Schwimmweste, Wasserbehälter, Ersatzpaddel, Kompass sind selbstverständlich.

Gefahren

Die üblichen Risiken einer Seekajakfahrt, etwas Salzwassererfahrung ist schon nötig. Wilde Tiere gibt es nicht (die Salzwasserkrokodile wurden ausgerottet). Malariavorsorge soll hier nicht erforderlich sein.

Bücher/Karten:

Paddelliteratur ist mir nicht bekannt. Als Revierbeschreibung nützlich: Christian Eschenburg: Segeln in Thailand (Edition Maritim, Hamburg, ISBN 3-89225-252-1). Außerdem gibt es eine Vielzahl konventioneller Reiseführer. Englische Seekarten 1:200.000 Nr.3941 u.3942.

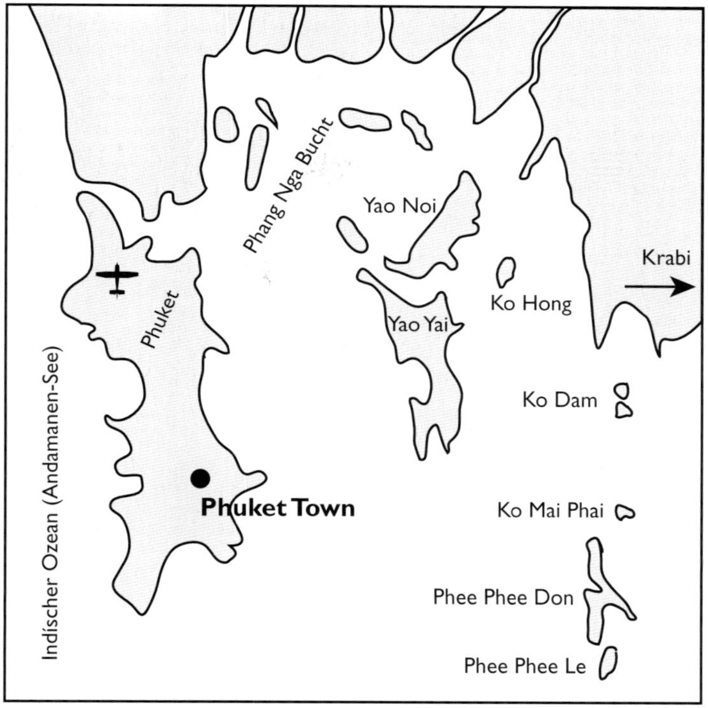

Hier geht´s in einen Hong.
Der Eingang ist nur bei Niedrigwasser passierbar.

Yellowstone

Links
Schmaler Sandstrand vor senkrechter, urwaldüberzogener Felswand. Ideal zum Baden in der warmen See. Zelten aber besser nicht bei Springtide (Voll- u. Neumondzeiten).

Rechts
Ein großes Tor schließt diesen Hong von der Außenwelt ab. Drinnen finden wir eine exotische Welt mit Palmen, Urwald und Affen.

Rechts unten
Oft paddeln wir an senkrechten Kalkfelsen entlang, an die sich urwaldartiger Bewuchs klammert.

Thai-Frau in malerischer Tracht auf einem ‚Longtail-Boot' beim Fischen.

Kurze Praxis des Kajakwanderns

Seekajakfahren

Dem Wanderpaddler, der sein Hobby zunächst auf ruhigen Flüssen und Seen beginnt, stehen zwei Möglichkeiten der Spezialisierung offen: Wildwasser und Seekajaktouren. Von letzteren soll hier die Rede sein. Der Langstreckenpaddler kommt irgendwann von selbst aufs Meer, denn die Meeresküsten vereinen oft die schönsten Landschaftseindrücke mit der Freude am Wassersport. Und schließlich ist das Kajak eine Erfindung der Eskimos für die See, es ist hier in seinem ureigensten Element.

Das Kajakfahren auf See ist immer eine Küstenfahrt. Ausnahmen, wie Atlantiküberquerungen im Faltboot lasse ich einmal außer acht. Nicht das außerordentlich seetüchtige Kajak setzt die Grenzen, sondern der Mensch, der früher oder später ermüdet und dann sein Boot nicht mehr sicher beherrscht. Aber welch großartige Kajakreisen lassen sich trotz dieser Begrenzung durchführen! Es sind schon Sportler von Europa nach Indonesien gepaddelt, immer an irgendwelchen Küsten entlang oder von Insel zu Insel sich vortastend. Aber auch für den normalen Urlauber haben Küstenfahrten einen hohen Reiz, denn sie führen meist schnell in unberührte Natur und in faszinierende Landschaften.

Ich kann hier, auf kurzem Raum zusammengedrängt, kein Lehrbuch für Seekajakfahren ersetzen. Dafür gibt es ausführliche Literatur, zum Beispiel: Seekajak Handbuch von Nigel Foster, im gleichen Verlag, das Standard-Lehrbuch, v. Stritzky/de Pree: Paddel-Handbuch(BLV Verlag, München), eine sehr gute Einführung in die gesamte Wanderpaddelei.

Nachstehend spreche ich ganz komprimiert die Besonderheiten des Seekajakfahrens an:

1. Ausrüstung: Auf See lässt sich grundsätzlich jedes Kajak, das Fußsteuer und eine dicht schließende Spritzdecke besitzt, benutzen. Auch Faltboote – (Einer und Zweier – sind geeignet. Es gibt aber spezielle Seekajaks, die sich am Typ Eskimokajak orientieren. Wenn sie wirklich seetüchtig sein sollen, müssen sie vorn und hinten Abschottungen haben, möglichst auch eine (manuelle oder elektrische) Pumpe, eingebauten Kompass sowie Halterungen für eine Rundumleine, Seekarte und Reservepaddel. Seekajaks verlangen meist schon einen fortgeschrittenen Paddler. Wer meint, ein Fußsteuer auf See entbehren zu können, wird irgendwann eines Besseren belehrt.

2. Technik: Bevor es auf See geht, sollte eine gewisse Bootsbeherrschung vorhanden sein. Wichtig ist eine ausdauernde, kraftsparende Paddeltechnik. Das Fahren bei Wellengang, Start und Landung bei Brandung müssen geübt werden. Es gibt eine Reihe von Rettungs- und Selbstrettungsmethoden im Falle einer Kenterung auf See. Sie müssen beherrscht und immer wieder geübt werden, nicht nur im ruhigen Wasser des Swimmingpools, sondern auch bei Wellengang und mit vollgepacktem Boot. Viele Paddler scheuen sich, die Eskimorolle systematisch zu üben. Die Rolle ist aber jeder Wiedereinstiegsmethode weit überlegen, sie verbessert generell die Bootsbeherrschung und bringt Erfolgserlebnisse.

3. Gefahren: Größte Gefahr ist die Kenterung auf offener See und die damit verbundene Unterkühlung. Hier hilft richtiges Einschätzen des eigenen Könnens, stetige Verbesserung der Technik und Beherrschung der Rettungsmethoden. Dass jeder Paddler schwimmen kann, unterstelle ich. Trotzdem ist eine Schwimmweste (es gibt sehr handliche Modelle mit Pressluft-Handauslösung) auf See absolutes Muss. Bei kaltem Wasser ist ein Trockenanzug oder ein Neoprenanzug sinnvoll. In arktischen Gewässern tritt Unterkühlung und damit Lähmung der Kräfte schon nach wenigen Minuten ein. Aber auch die Ostsee ist im Frühsommer noch ein eisiges Meer.

4. Wetter, Navigation: Das regelmäßige Abhören des Wetterberichts ist auch eine Sicherheitsmaßnahme. Ab Windstärke 6–7 werden auch erfahrene Paddler die See meiden. Der Seekajakfahrer muss sich Grundkenntnisse der Navigation aneignen. Kompass und Seekarte und in Tidengewässern auch Tidenkalender sind wichtige Hilfsmittel, und sie müssen auch beherrscht werden.

Kein Paddler muss sich abschrecken lassen, sein Boot auch aufs Meer zu lenken. Hier gilt wie überall: Learning by doing. Andererseits soll er dies mit viel Respekt vor den Naturgewalten tun.

In England gibt es viele Kajakschulen, in denen die Praxis von Grund auf gelernt wird. Bei uns hat sich diese Methode (noch) nicht durchgesetzt, wir sind mehr für Individualismus. Hinzuweisen ist aber auf einen Verein, der sich ausschließlich dem Seekajakfahren widmet und den Sicherheitsstandard enorm verbessert hat:

Die Salzwasser-Union eV (p.Adr.Bernhard Hillejan, Karl-Arnold-Str.10, 51109 Köln). Sie gibt eine sehr lesenswerte Zeitschrift heraus und kümmert sich auch um die Ausbildung ihrer Mitglieder.

Ausrüstung

Der Ausrüstungsmarkt für Kajakfahren ist fast unübersehbar groß, und es ist ein kräftiger Wachstumsmarkt. Wenn ich mich aber auf die Dinge beschränke, die mich als Wanderpaddler interessieren, wird er schon überschaubarer. Fangen wir mit der Bootsauswahl an:

Für Küstenfahrten kommen infrage: Wanderkajaks und insbesondere spezielle Seekajaks aus Kunststoff und Faltboote. Ungeeignet sind wegen ihrer Windanfälligkeit Canadier. Im einzelnen:

a.)Wanderkajak:

Als Einer 4–5 Meter lang, als Zweier 5–6 Meter, klassisches Wanderboot für alle Gewässer (also auch auf Flüssen einsetzbar einschließlich leichtem Wildwasser) Wenn nicht schon konstruktionsbedingt unsinkbar, verlangt das Kajak Auftriebskörper (aufblasbare Spitzenbeutel). Eine gut schließende Spritzdecke und Fußsteuer (das auf Kleinflüssen und im Wildwasser abgenommen oder hochgeklappt wird) sind obligatorisch.

b) Faltboot:

Seit Fernreisen häufig mit dem Flugzeug gemacht werden, hat das Faltboot eine Renaissance erlebt. Natürlich kann ich auch ein starres Boot im Flugzeug oder vorweg per Schiffsfracht verschicken. Aber abgesehen von den hohen Kosten muss ich mich im Zielland oft mit Zollproblemen herumschlagen. Auch bietet das Faltboot den Vorteil, dass ich mit dem zusammengebaute Boot während oder nach einer Reise sehr flexibel Ortswechsel vornehmen kann. Auch das Faltboot verlangt ein Fußsteuer, eine gut schließende Spritzdecke und Auftriebskörper (falls nicht fest eingebaut).

c) Seekajak:

Meist etwas länger und schmaler als das Wanderkajak, dem klassischen Eskimokajak nachempfunden, ebenfalls mit Fußsteuer (trotz gegenteiliger Meinung einiger Experten). Unter 55 cm Breite wird ein eher akrobatisches Gerät daraus. Wichtig: Volle Sicherheitsausrüstung, d.h. Abschottungen von Vor- und Achterschiff, feste Rundumleine, Pumpe zum Lenzen des Cockpits, Kompass und Kartenhalterung.

d)Einer oder Zweier?

Diese Frage wird jeder für sich selbst beantworten müssen. Der Zweier ermöglicht der Frau oder Freundin, ohne Stress an Fahrten teilzunehmen, die sonst ihre Kräfte oder Fähigkeiten übersteigen. Ein gut gepaddelter Zweier ist dem Einer an Schnelligkeit meist überlegen. Der Einer ist ein Sportgerät, das den Spaß an der sportlichen Bewegung besser befriedigt.

Trotz großzügiger Fluggepäck-Regelungen wird es für einen Einzelnen mit dem Einer-Faltboot schwierig; sollen doch neben dem Bootsgepäck noch Zelt-, Schlaf-, Koch- und Kulturausrüstung untergebracht werden und auch noch allein manöverierbar sein. Da kommt eine Zweiermannschaft mit dem Faltbootzweier schon besser zurecht.

Zelten und was dazugehört

Das Zelt schützt uns vor Nässe, Sandsturm und Insekten (Mückennetz!). Es soll so leicht und klein verpackbar sein wie möglich, aber trotzdem sturm- und regensicher. Ein billiges Kaufhauszelt wird diese Bedingungen oft nicht erfüllen. Sinnvoll ist ein selbststehendes Zelt, das ohne Häringe auf Geröll oder Felsuntergrund stehen kann. Bei großen Fahrten hat es sich sehr bewährt, wenn jeder Fahrtenteilnehmer (oder jedes Pärchen) ein eigenes Zelt bewohnt, um keine Probleme des zu engen Zusammenlebens aufkommen zu lassen.

Zum Zelten gehört eine Liegematte, am besten eine selbstaufblasbare, und ein guter Schlafsack. Wegen der unvermeidlichen Feuchtigkeit ist ein Schlafsack mit Kunststofffüllung eine gute Wahl.

Dass die Bekleidung immer auf die größte zu erwartende Kälte oder Nässe abgestimmt wird, dürfte selbstverständlich sein. Keineswegs darf – außer in den Tropen – eine wasserdichte Paddeljacke fehlen. In kalten Gewässern ist Neoprenzeug oder besser noch ein Trockenanzug (mit entsprechender Unterkleidung) angenehm und zugleich ein Plus für die Sicherheit. Sämtliche Bekleidung, vor allem aber auch der Schlafsack, müssen wasserdicht verpackt werden, entweder in Ausrüstungstonnen oder in Packsäcken mit Rollverschluss. Irgendwelche Müllsäcke reichen nicht aus.

Zum Zelten gehört auch die Küche: Töpfe, Teekessel, Pfanne usw. Ein kleiner Kocher (Benzin, Petroleum oder Spiritus) ist auch dann sinnvoll, wenn auf Holzfeuer gekocht werden soll (Kocher im Flugzeug nur leer und ‚geruchlos' mitführen, da erbarmungslos alles beschlagnahmt wird, was nach Feuergefahr riecht). Natürlich gehört auch ein sorgfältig geplanter Proviant und – je nach Reiseziel – mehr oder weniger großer Trinkwasservorrat dazu. Für große Hitze, aber auch für Regentage, ist ein Tarp, ein Sonnensegel, sehr nützlich.

Sonstiges

Reservepaddel, Reparaturzeug, Schwimmweste, Land- und Seekarten, Tidentabelle, Reiseführer, Wörterbuch, Lektüre, Fernglas, Kompass, Barometer, Radio, Foto- oder Filmausrüstung und was sonst noch für das eigene Hobby nötig ist, ergänzen die Ausrüstungsliste.

Sicherheit

Wie bei fast jeder Sportart erwarten uns beim Kajakfahren Risiken. Sie treten am ehesten dort auf, wo Unkenntnis oder Sorglosigkeit, Leichtsinn oder Angeberei herrschen. Umgekehrt gesagt: Wer gefährliche Situationen richtig einschätzen kann und überlegt handelt, ist keinem größeren Risiko ausgesetzt als bei den meisten anderen Freizeitbetätigungen. Welches sind einige typischen Gefahren?

Kentern auf See

Hier ist das Hauptproblem, das Ufer zu erreichen oder ins Boot wieder einzusteigen, bevor die Unterkühlung einsetzt. Besonders schwierig wird es, wenn der Paddler allein fährt und Kameradenhilfe nicht möglich ist. Jeder Seekajakfahrer sollte deshalb die Eskimorolle und die Wiedereinstiegsmethoden üben. Wichtiger noch ist die richtige Einschätzung der Gefahren: Wetterentwicklung, Routenplanung, Rückzugsmöglichkeit, Beurteilung der eigenen Leistungsfähigkeit, Vermeidung unüberwindbarer Brandung oder zu starker Strömung. Auch schlechte oder fehlende Ausrüstung kann sich fatal auswirken:

Wer den Kompass erst bei aufkommendem Nebel, die Spritzdecke erst bei auffrischendem Wind vermisst, handelt grob fahrlässig.

Gefahren der Tropen

Neben den typischen Tropenkrankheiten, wie Malaria, gegen die Vorsorge zu treffen ist, gibt es eine Reihe gefährlicher Tiere und Pflanzen, z.B. giftige Schlangen und Insekten, Nesselquallen, Stachelrochen, Seeigel usw. Ein guter Tropenratgeber (z.B. ‚Ratgeber für Reisen in die Tropen' von John Hatt, Verlag Gisela E. Walther, Bremen), ist für die Planung sehr nützlich. Bei Kenntnis der Gefahren und einiger Vorsicht ist deren Vermeidung aber meist schon gesichert.

In nördlichen und arktischen Gewässern

Hier gilt es mehr noch als in südlichen Zonen, Unterkühlungen zu vermeiden. Bei sehr niedrigen Wassertemperaturen traue ich mir wesentlich weniger Seegang zu als sonst; lieber nehme ich zusätzliche Wartetage in Kauf. Unterkühlung kann auch durch ungenügende Kleidung, billige Zelte oder Schlafsäcke bedingt sein. Ein Trockenanzug ist im Falle einer Kenterung auch ein Stück Lebensversicherung. Wer arktische Paddeltouren erwägt, sollte seine Ausrüstung auf heimischen Winterfahrten erproben.

Im Gegensatz zu anderen Bären sind Polarbären gefährlich. Wer in solche Gegenden fährt, sollte eine Waffe oder zumindest einen Abwehrspray dabeihaben. Auf See ist das Walross gefährlich, während alle Wal- und Robbenarten harmlos sind, sofern man sie in Ruhe lässt.

Durch die Aufzählung möglicher Risiken sollte sich aber kein Paddler verschrecken lassen. Paddeln ist nicht gefährlicher als etwa Bergwandern. Unfälle sind bei Vorsicht und richtiger Selbsteinschätzung fast immer vermeidbar.

Reiseplanung – Kajak international

Planen gehört zu jeder Reise. Es ist die beglückende Zeitspanne zwischen der ersten vagen Idee und dem tatsächlichen Reisebeginn. Die im Reisebüro ‚gekaufte' Reise ist um diese Phase ärmer. Richtig planen und sich informieren bedeutet nicht, einen ‚mile-by-mile'-Reiseablauf zu entwerfen. Es soll ja noch Spielraum verbleiben für Gestaltung und Fantasie.

Verbaute Flüsse, industrialisierte Landschaften, zubetonierte Küsten und in den verbliebenen Naturenklaven Naturschutz unter Ausschluss des Menschen: In unserem eng gewordenen Kontinent wird es dem (Wasser-)Wanderer immer schwerer gemacht, das Naturerlebnis zu finden, das Herbert Rittlinger das ‚baldverlorene Paradies' nannte. Wen wundert es daher, wenn immer mehr Wanderpaddler ihre Blicke auf ferne Länder und Kontinente lenken? So neu allerdings ist dieser Drang in die Ferne nicht. Schon Anfang des Jahrhunderts waren deutsche Paddler weltweit unterwegs. Wieder nenne ich Rittlinger, dessen Bücher über Fahrten auf dem Amazonas, dem Blauen Nil oder auf Mexicos Urwaldflüssen Generationen von Paddlern inspiriert haben. Aus dieser Tradition heraus ist es verständlich, dass Paddler an Grönlands Küsten, auf dem Yukon oder in Nieder-Californien, um nur einige Beispiele zu nennen, mit hoher Wahrscheinlichkeit Deutsche sind (die Amerikaner machen uns diesen Rang zunehmend streitig).

Viele steuern solche überseeischen Ziele sehr spontan an, mit der Folge, dass mangelhafte Vorbereitung manches Unternehmen scheitern lässt. Andere möchten wohl gern eine solche Wunschreise unternehmen, zaudern aber und trauen sich nicht so recht. Aus einer Vielzahl von Fernreisen mit dem Boot möchte ich daher ganz knapp einige Erfahrungen weitergeben.

Ziele und Routen

Für den Anfänger im Übersee-Paddeln empfehle ich Länder mit gut eingespielter Zivilisation wie USA, Canada, Neuseeland, Argentinien. Für etwas Fortgeschrittenere kommen z.B. Mexico, Belize, Costa Rica, Thailand, Malaysia infrage. Natürlich gibt es auch ganz exotische Ziele, wie Indien, Madagaskar oder Brasilien. Politisch instabile Regionen meide ich lieber; das muss ich mir im Urlaub nicht antun (Anfragen beim Auswärtigen Amt).

Bei tropischen Zielen bedenken, dass der Klimastress enorm sein kann. Unbedingt richtige Jahreszeit auswählen. Stichworte: Regenzeit, Zeit der größten Hitze, Monate mit Wirbelstürmen. Diese Daten kann man einem Länderlexikon entnehmen. Reisen in die Arktis: Nur für ‚gelernte' Paddler, da Kenterungen wegen der Schock- und Unterkühlungsgefahr tabu sind. Die Eisverhältnisse müssen recherchiert werden (Seehandbücher). Meist ist Küstenbefahrung in der Arktis nur auf zwei bis drei Monate, ja oft nur auf den August beschränkt.

Karten- und Literatur

In trüben Monaten den Weltatlas zu wälzen hat einen hohen Reiz. Wo gibt es für Kajaktouren geeignete Küsten oder Inselgruppen? Welche tropischen Meere versprechen einen reizvollen Paddelurlaub? Die Landkarte verrät dem kundigen Betrachter bereits eine Menge Details. Weitere Informationen vermitteln Temperatur- Niederschlags- oder Bevölkerungskarten. Wenn sich Reisewünsche herauskristallisieren, versuche ich, Literatur über die anvisierte Region zu bekommen. Hilfreich ist auch die ‚Info-Bank für Kanuwanderer', die alles an Reiseberichten sammelt und abrufbar hält (Kontaktadresse: Joachim Hermann, Egmatinger Str.1 1, 85653 Aying-Dürrnhaar, Tel.08102-748628, Fax 748630). Reichhaltiges Material bieten öffentliche Büchereien. Aber bedenken wir: Je weiter wir in Neuland vorstoßen, umso spärlicher wird das Informationsangebot.

Wichtigstes Orientierungsmittel ist eine gute Land- oder Seekarte. Oft zeigt eine topografische Karte Landschaftsformen, Siedlungen, Vegetation usw. besser als eine Seekarte, die wiederum in einigen Gebieten unverzichtbar ist (Wattenmeer, Korallenmeer). Exotische Landkarten bekommt man über Spezialbuchhandlungen (z.B. Internationales Landkartenhaus Geo-Center, Schockenriedstr. 40 A, 70565 Stuttgart) Falls keine vernünftigen Karten zu bekommen sind (einige Länder behandeln sie noch als militärische Verschlusssache), sind die weltweit aufgelegten Fliegerkarten im Maßstab 1:500.000 oder 1:1 Mio. auch keine schlechte Wahl. Nützlich sind auch die russischen Generalstabskarten in gleichem Maßstab (bei Därr Expeditionsservice, Theresienstr.66, 80333 München).

Und noch einige Stichworte

Sprachführer verschaffen uns wenigstens einige Grußformeln; ein paar elementare Sätze der Landessprache können ein großes Plus an Sympathie bei der Bevölkerung hervorrufen.

Flugtickets: Mehrere Angebote, auch von Billiganbietern einholen. Umbuchungs- und Stornierungskosten beachten. Sportgepäck kostenlos? Rückflugbestätigung nicht vergessen.

Formalitäten: Reisepass noch mindestens 6 Monate gültig? Impfpass nötig? Visum? Internationaler Führerschein? Passfotos in Reserve. Bargeld oder Reiseschecks? Kreditkarte? (für Automiete unverzichtbar) Medizinische Vorsorge (Impfungen, Malariavorsorge, Zahnarzt, Auslands-Krankenversicherung).

Dieses Buch will in erster Linie die subjektiven Eindrücke des Wasserwanderns wiedergeben und Begeisterung für eigene Unternehmungen wecken. Deshalb sind die nüchternen Fakten der Reiseplanung hier nur ganz kurz angetippt. Wer tiefer in dieses Thema eindringen möchte, sollte das ausgezeichnete ‚Paddel-Handbuch' von Stritzky/de Pree im BLV-Verlag (ISBN 3-405-14215-6) hinzuziehen.

Kajak und Fotografie

Allgemeines

Der wohl häufigste Beweggrund für das Wasserwandern ist die Suche nach dem Natur- und Landschaftserlebnis, und hierbei ist das Auge dominierend. Wir sehen harmonische oder bizarre Landschaftsformen, die klare Farbenpracht des Nordens, die strenge Geometrie des Watts oder die Mäander eines natürlichen Flusslaufs. Von Novalis stammt die romantisch verklärte ‚Blaue Blume der Sehnsucht, aber auch der Ausspruch ‚Die Natur hat Kunstinstinkt'. Die Fotografie hält diese Eindrücke und Stimmungen für uns fest.

Ich nenne die Fotografie nicht Kunst, aber Kunsthandwerk ist sie zweifellos. Ein Handwerk also, was viele vergessen, die hochautomatisierte Technik kaufen und dabei glauben, die handwerklichen Grundlagen vergessen zu können.

Handwerk und Gestaltung

Zunächst muss ich mein Handwerk verstehen, wenn ich etwas gestalten will. Die Regeln der Optik zu kennen, ist Voraussetzung für die Gestaltung der Perspektive: Tiefe einer Landschaft durch Tiefenschärfe (nicht durch Autofocus), Gestaltung der Größenverhältnisse durch Änderung des Standortes (nicht durch Zoomen des Objektivs), Dramatisierung einer Stimmung durch bewusste Unterbelichtung (statt Vertrauen auf die Belichtungsautomatik) seien nur beispielhaft genannt. Die Automatik einer Kamera bürgt noch keineswegs für gute Bilder, sie ‚weiß' ja nicht, wie wir uns das Bild bei der Aufnahme vor unserem inneren Auge vorstellen. Kurz und gut: Ein Lehrgang (oder Lehrbuch, über die handwerklichen Grundlagen der Fotografie ist eigentlich unverzichtbar, wenn wir langweilige oder belanglose Bilder vermeiden wollen.

Ausrüstung

Der ernsthafte Landschaftsfotograf braucht trotz des vorher Gesagten nicht auf die Automatikfunktionen der Kamera verzichten, sie müssen nur manuell beeinflussbar oder abschaltbar sein. Generell liegt das Geheimnis guter Fotos ohnehin nicht im teuren Gerät, sondern – technische Mindestanforderungen unterstellt – in der Handhabung und dem Können des Fotografen.

**Bei Seegang zu guten Bildern zu kommen, ist nicht ganz einfach.
Oft ist es nötig, dass die Begleiter ‚mitspielen'.
Bei obigem Foto sorgt die Gegenlichtstimmung für Kontrast.**

2 Beispiele dafür, dass schwarz-weiß-Fotos sich hinter Farbfotos nicht zu verstecken brauchen. Wichtig für die Bildwirkung ist der Standpunkt der Kamera. Hier ist es die Einbeziehung eines sehr nahen Vordergrundes bei voller Tiefenschärfe.

In einer Situation widerspreche ich mir jetzt selbst: Für spontane Schnappschüsse aus dem Boot bei bewegtem Wasser ist eine handliche Automatikkamera, möglichst wasserfest, unübertroffen. Hier darf nicht mit Film gespart werden, und unter einer Vielzahl von Aufnahmen findet sich vielleicht der große Schnappschuss.

Für die teure Kameraausrüstung ist unbedingt eine zuverlässig wasserdichte Unterbringung nötig. Kleiderbeutel mit Roll- oder Abbindeverschluss sind bei Kenterungen oft nicht ausreichend. Gut geeignet sind die sehr teuren Taschen mit wasserdichtem Reißverschluss, es tut aber auch eine billige

Schwarz-weiß-Fotos leben ganz besonders von den Kontrasten. Wasser und Gegenlicht sind oft ein gutes Rezept.

Blech-Munitionskiste aus Militärbeständen oder eine Ausrüstungstonne mit Schraubdeckel. Es gibt inzwischen auch hervorragende Kunststoffkoffer, die luft- und wasserdicht sind.

Ein langbrennweitiges Objektiv für Tieraufnahmen und Geräte für Makrofotos erweitern die Möglichkeiten, am Lagerplatz auf Fotojagd zu gehen, beträchtlich.

Der ‚Foto-Knigge'

Exotische Menschen zu fotografieren übt einen starken Reiz aus. Nie darf aber vergessen werden, dass solche Motive eben auch Menschen sind, die sich allzuleicht verletzt fühlen, wenn wir agressiv die Kamera auf sie richten, Eine vorherige höfliche Frage stößt dagegen selten auf Ablehnung und bringt vielleicht manchen interessanten menschlichen Kontakt.

Aber auch die Tierwelt will respektiert werden. Wer bei Vogelaufnahmen in Kauf nimmt, dass Gelege gefährdet werden, handelt verantwortungslos. Der Naturfreund wird oft auf interessante Motive verzichten müssen.

Bildgestaltung

Der ‚normale' Fotoamateur macht sich meist keine großen Gedanken zu diesem Thema. 80 Prozent aller Fotos sind Erinnerungs- und Personenaufnahmen und entsprechend belanglos für Unbeteiligte. Wer etwas von dem Zauber der Natur einfangen will oder Stimmungen festhalten möchte und somit auch anderen Menschen sein Erleben nahebringen möchte, kommt um einige Überlegungen zum Thema Bildgestaltung nicht herum. Es gilt, aus der chaotischen dreidimensionalen Vielfalt der Natur ein zweidimensionales Abbild zu gestalten, das Spannung oder Harmonie, Dramatik der Ruhe ausstrahlt.

Hoch- oder Querformat, scharf oder unscharf, dramatische oder verhaltene Farben, Linienführung, Rhythmus und Flächenaufteilung sind Gestaltungsmittel, die wir bewußt einsetzen können. Meist ist das ‚bunte' Bild weniger beeindruckend als die sparsame Farbauswahl. Ebenso ist die Beschränkung auf den kleinen Ausschnitt, die Nahszene, oft aussagekräftiger als das Panoramafoto. Wie eingangs gesagt, ist ein Fotokurs oder ein gutes Lehrbuch geeignet, aus einem Knipser einen Fotografen zu machen.

Ungewohnte Perspektiven (hier von einem Leuchtturm im Watt) sind schon fast eine Garantie die Aufmerksamkeit des Betrachters zu wecken.

Der Verfasser auf großer Fahrt in Grönland.

Über den Autor

Günter Siebke wurde 1935 in Hamburg geboren, erlebte die Enge des Krieges, der Nachkriegsjahre und einer hanseatischen kaufmännischen Lehre. Wenn zunächst Karl May, Sven Hedin und die Jugendbewegung ihn bewegten, waren es nach der Lehre ein paar ‚Lehr- und Wanderjahre' in Südeuropa und dem damals noch sehr orientalischen Balkan. Am Kajakfahren ist Herbert Rittlinger, ‚der Dichter im Paddelboot', schuld, dessen Reiseschilderungen aus aller Welt Vorbild wurden. Das Kajak wurde ihm aber nicht Wettkampfgerät, sondern ebenso wie Bergschuh und Ski Mittel zur Erkundung von Natur und Landschaft. Später, als Bankkaufmann, tauschte er in jeder Stunde seiner Freizeit den Nadelstreifen gegen die Wander- und Paddlerkleidung.

Viele Reisen mit dem Faltboot nach Südeuropa, Skandinavien, aber auch zu Heideflüssen und Nordseewatten, folgten. Später kamen Nordamerika, arktische Länder und Thailand hinzu. Und nach der Pensionierung erweiterten sich die Möglichkeiten nochmals: Überquerung der Bering-Straße und grönländisches Packeis im Seekajak, Wildnisflüsse in Alaska und Canada brachten echte Wildniserlebnisse.

Viele seiner Reiseberichte sind in Zeitschriften veröffentlicht worden.

Bücher zum Thema:

Ich habe nachstehend eine Auswahl von Büchern aufgeführt, die sich mit dem Thema Seekajakfahren befassen. Sie ist sicher nicht vollständig. Zu bemerken ist. Viele Bücher sind in kurzer Zeit wieder aus dem Angebot verschwunden, bei den zweifelsfrei vergriffenen Büchern habe ich das Erscheinungsjahr vermerkt. Vergriffene Buchei sind außer in Antiquariaten in vielen öffentlichen Büchereien noch vorhanden und notfalls über Fernleihe aufzufinden. Ich habe eine Reihe englischsprachiger Werke mit aufgeführt, da insbesondere der amerikanische Buchmarkt zu dem Thema sehr ergiebig ist (die englischen/amerikanischen Bücher sind an der ISBN-Nummer erkennbar, die stets mit einer ,,O"beginnt.

Nigel Foster: Seekajak Handbuch, Pollner Verlag
Standardwerk zum Thema Seekajakfahren, einziges Buch dieser Art in deutscher Sprache. Detaillierte Beschreibung zu Technik, Ausrüstung, Sicherheit, Navigation etc.

Derek Hutchinson: Sea Canoeing, London, ISBN 0-7136-5602-6 Standardwerk

John Dowd: Sea Kayaking, Vancouver, ISBN 0-88894-305-9 Standardwerk

Derek Hutchinson: Eskimo Rolling for Survival , London,
ISBN 0-7136-5615-8 Das Erlernen von Eskimorollen in zahlreichen Varianten

Otto v.Stritzky/Marja de Pree: Paddel-Handbuch, München,
ISBN 3-405-14215-6 Umfassendes Buch über Wanderpaddeln

Jürgen Gerlach: Der Kajak – das Lehrbuch des Kanusports, Herford,
ISBN 3-512-03128-5 Technik-Lehrbuch mit Salzwasser-Kapitel

J. Gerlach/T. Prijon: Kanu-Total, Pollner Verlag, Expeditionsmäßige Wildwasser- und Küstenfahrten aus aller Welt, zugleich Bildband

George Dyson: Baidarka, Bothell/WA., ISBN 0-88240-31 5-X, Umfangreiche Beschreibung aleutischer Kajaks

John Ince/Hedi Köttner: Sea Kayaking Canada's West Coast, Seattle,
ISBN 0-89886-342-2 Führer für Seekajaktouren der südlichen Pazifikküste Canadas

Don Starkell: Paddle to the Arctic, Toronto, ISBN 0-7710-8239-8
Die Nordwest-Passage im Kajak - mit unglaublichen Mühen und fast tödlichem Ausgang

Konrad Gallei/Gaby Hermsdorf: Im Banne der Arktis, Stuttgart,
ISBN 3-613-50066-3 Kajakfahrten an Spitzbergens Westküste

Konrad Gallei/Axel Thorer: Ost-Grönland, Karlsruhe, ISBN 3-7617-0241-8 Kajakfahrt im Südosten Grönlands, etwas dramatisiert
Don Starkell: Paddle to the Amazon, Toronto, ISBN 0-7710-8241-X, Abenteuerliche Langstreckenreise im Canadier von Winnipeg zum Amazonas
Otto v.Stritzky: Lockende Ziele für Boot und Zelt, Kelkheim,
ISBN 3-98012202-6 Faltbootreisen an Ostsee, Ionischem Meer und Ägäis
Otto v.Stritzky: Abenteuerliche Ziele für Boot und Zelt, Kelkheim,
ISBN 3-98012203-4 Faltbootreisen in Canada, USA, México und Bahamas
Otto v. Stritzky: Exotische Ziele für Boot und Zelt, Kelkheim,
ISBN 3-98012204-2 Faltbootreisen in Bali, Philippinen und Südsee
Axel Richter: Gestrandet am Rande dem Welt, Reutlingen (1941) Faltboot-Abenteuer in Patagonien
Andromeda Romano-Lax: Sea Kayaking in Baja, Berkeley,
ISBN 0-89997-157-1 Auswahl von Seekajaktouren in Baja California mit Ausrüstungs- und Planungstips
Valerie Fons (-Kruger): Keep it Moving, Seattle, ISBN 0-89886-101-2 Rekord-Umrundung der gesamten kalifornischen Halbinsel
Jonathan Waterman: Kajak-Abenteuer Baja California, München,
ISBN 3-89405-076-4 Eine etwas platte Schilderung einer Kajakfahrt auf der Sea of Cortez
Hansjürgen Veldem: Mit dem Faltboot nach Indien, Zürich (1959) Fernreise im Faltboot
Herbert Rittlinger: Amphibische Reise, Wiesbaden (1958) Literarisch spannend erzählte Wattenmeerfahrten, daneben französische Flussgeschichten
W.Teigelkamp: Im Faltboot um Europa, Elberfeld (1927) Eine der frühen Großfahrten im Kajak
Franz Riegel: Ang-Thong, Pollner Verlag (1985) Insel-Paradies in Thailand vor dem Massentourismus
Erich Wustmann: Faltbootfahrt von Fjord zu Fjord Stuttgart (1949) Abenteuerliche Soloreise entlang Norwegens Küste
Dr.Werner Wrage: Nordweg zum Lofot, Hamburg (1947) Sehr informative Fahrtenbeschreibung, etwas lehrerhaft
Dr. Werner Wrage: Erlebtes Watt (früherer Titel: Faltbootfahrten im Wattenmeer), Hamburg (1959) Einfühlsam beschriebene frühe Wattfahrten
Achill Moser: Kurs Thule, Stuttgart, ISBN 3-613-50217-8 Umrundung Islands im Kajak, etwas aufgebauscht, aber doch eindrucksvoll
Alfred Seeger: Faltbootfahrten in Nord und Süd, Stuttg/Berl/Leipzig (vor 1945) frühe Fahrten auf Nordsee, Adria und Flüssen, mit schönen Aquarellen
Hermann Rauschert: Faltboote auf hoher See, Erfurt (1935) Kajakreisen in Europa aus der Anfangszeit des Wassersports
Jonny Behm: Zwischen Adria und Ägäis, Berlin (1930) Frühe Fahrten an Jugoslawiens Küsten
Signe Rink (Hrsg.): Kajakmänner, Hamburg/Berlin (1912) Eindrucksvolle Erzählungen grönländischer Kajakfahrer und Fänger
Arved Fuchs: Im Faltboot um Kap Hoorn, Piper Verlag Abenteuerliche Reise an der Südspitze Südamerikas, etwas dramatisiert
Paul Theroux: Die glücklichen Inseln Ozeaniens, Mit dem Faltboot im Fluggepäck von Australien zu Südseeinseln, anspruchsvoll geschrieben, aber das romantische Südseebild desillusionierend
Herbert Rittlinger: Die neue Schule des Kanusports, Wiesbaden (1954) Früher *das* Kanu-Lehrbuch, auch heute noch sehr lesenswert
Hans Memminger: Die Arktis im Kajak, Rosenheimer Verlagshaus
ISBN 3-475-52669-7
Von Nordgrönland zum ersten Teil der Befahrung der Nordwest-Passage im Kajak Eindrucksvoller Beschreibung extremer Arktisfahrten
Hans Memminger: In Sturm und Eis, Rosenheim, ISBN 3-475-52783-9
Fortsetzung der Kajak-Befahrung der Nordwestpassage. Extreme arktische Kajakreise.
J. Rogers: Küsten, die noch keiner kennt, München, ISBN 3-405-14389-6 (in englisch: ISBN 0-88240-403-2) Ausgewählte Küstenfahrten am Pazifik von Alaska bis México
Maria Coffey: Ein Kajak im Gepäck, München, ISBN 3-89405-345-3 (in englisch: ISBN 0-349-10631-2)
Faltbootfahrten in verschiedenen Weltgegenden, viele Negativ-Erlebnisse (die englische Ausgabe „a boat in our baggage" ist umfangreicher)
Gernot Spielvogel: Anangula, Abenteuer Aleuten, ISBN 3-7844-2595-X Reise zu der selten besuchten Inselkette Alaskas

Alone at sea

von Dr. Hannes Lindemann

engl. Originalfassung
192 Seiten, mit 24 Farbbildern

In diesem Buch berichtet Hannes Lindemann über zwei Atlantiküberquerungen. Das erste Mal mit einem Einbaum und das zweite Mal mit einem Klepper Serien-Faltboot. Eine spannende Lektüre über eine wirklich außergewöhnliche Leistung – 76 Tage allein im Kanu auf dem Ozean! Eine herausragende Pioniertat.

Seekajak Handbuch

Nigel Foster
160 Seiten, 22 x 15,5 cm, 13 Farb-, 150 SW-Bilder

Das ‚Seekajak Handbuch' ist ein detailliertes, modernes Lehrbuch über diese faszinierende Sportart, das ausführliche Beschreibungen der verschiedenen Techniken enthält. Anhand zahlreicher Illustrationen und spezieller Fotos informiert es über Eigenschaften und richtige Verwendung der einzelnen Ausrüstungsteile, sowie über Sicherheitsfragen und Paddeltechniken in den jeweiligen Situationen. Das Handbuch des Seekajakfahrens beschreibt unter Einbeziehung der Gezeiten, Strömungen, Wellen und des Wetters die Planung von Touren und Expeditionen.

Seakayak Center Seadvil Germany

Boote · Ausrüstung · Kurse

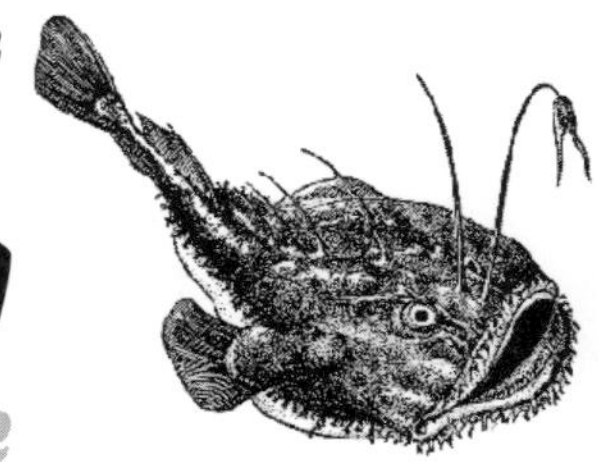

Einziehsteueranlage, elastisches Skeg
Die Weltsensation im Seekajak- Kanuwandersport: **Patent angemeldet**.

Das Steuer besteht aus einer elastischen Steuerflosse, die zum Steuern seitlich verbogen wird. Das Ausfahren der Flosse wird erreicht, sobald man auf die Pedale tritt, so dass die Hände am Paddel bleiben können. Sobald die Füße die Steuerpedale verlassen, schwenkt die Flosse automatisch wieder ein. Tritt man etwas kräftiger auf die Pedale, so verbiegt sich die Flosse nach außen und bewirkt eine Steuerbewegung. Mit Hilfe eines Skegkastens lassen sich auch ohne große Schwierigkeiten auf Grund der einfachen Konstruktion und dem geringen Preis Boote nachrüsten.

Allerdings muß dann auch gleichzeitig eine Revisionsluke im Deck des Bootes eingebaut werden.

Bootswagen Oker
Ein sehr leichter, klein zu verpackender Bootswagen, insbesondere für Einer. Er passt sowohl durch die Valley-Ladeluke der Seekajaks (19 cm), als auch hinter den Sitz bei den kurzen Wildwasserbooten.
Der Einsatz modernster Materialien machen ihn äußerst **leicht** und **seewasserbeständig**.
Lieferbar in 3 unterschiedlichen Rad-Durchmessern.
Beim Seekajak-Sport hat er sich als "**der Bootswagen**" etabliert
Tragkraft: 80 kg
Packmass: 20 x 45 x cm **DM 299,50**

Bei Interesse fordern Sie unser Ausbildungsprogramm, die Broschüre "Seekajak 2000" sowie den aktuellen Sport Zölzer Katalog, der weitere interessante Seekajak-Produkte beinhaltet, an.

Kupferdreher Straße 196 • 45257 Essen
Tel: 02 01 - 48 78 15 • FAX: 48 27 80

Internet: http://www.seakajak.com **E-mail: info@seakajak.com**

Schau mal rein ins Internet: www.Pollner-Verlag.de

Pollner Verlag

Kanuwandern in Bayern
Die schönsten Kanuwandergewässer in Bayern

In diesem Buch sind die schönsten Kanugewässer Bayerns für Einsteiger und Geniesser beschrieben. Von idyllischen Kleinflüssen, über Gewässer für Mehrtagesfahrten, bis hin zu malerischen Voralpenseen, finden Sie jede Menge Tourenvorschläge. Brilliante Farbfotos – ob vom Alpenrand oder von bayrischer Kulturlandschaft – zeigen die Höhepunkte der Kanuwanderung. Neben dem ausführlichen Infoblock mit Befahrungszeiten, Campingplätzen, Sehenswertem und Alternativen, finden Sie zu jeder Tour eine Kartenskizze zur problemlosen Tourenplanung.

Kanuwandern im Weser-Ems-Gebiet

Horst Teigler hat die schönsten Flüsse zwischen Weser und Ems mit dem Kanu befahren. In seinen unterhaltsamen Berichten beschreibt er die vielfältigen Gewässer und die schönen Landschaften seiner Heimat. Farb- und Schwarz-Weiß Fotos zeigen die Schönheit der Landschaft aus der Perspektive des Kanuten. Im großen Info-Block werden die allgemeinen Bedingungen und Bestimmungen für Kanuten sowie naturgerechtes Verhalten erläutert.
Darüber hinaus listen ‚Steckbriefe' mit Karten nach jeder Tour die Befahrbarkeit der Gewässer, Einsatz- und Umtragestellen, Schwierigkeiten und Gefahren, Übernachtungsmöglichkeiten, öffentliche Verkehrsmittel zum Nachholen der Autos, Wassergüte, Adressen und Telefonnummern sowie geeignete Landkarten und Literatur auf.

Kanutouren im Kanuland Femund
Unter nordischem Himmel

Der erfahrene Wander- und Wildwasserkanut Gerd Kassel – Autor zahlreicher Kanusport Publikationen – beschreibt in diesem Kanuführer in einer gelungenen Mischung aus kurzweiliger Unterhaltung und sachkundiger Information in Wort und Bild eines der schönsten Kanureviere Skandinaviens.
Sein erklärtes Ziel ist es, dem kanubegeisterten Leser das vielseitige und familienfreundliche Kanuland Femund, das sich besonders für einen erlebnisreichen, auch mehrwöchigen Aktivurlaub unter nordischem Himmel eignet, schmackhaft zu machen und die notwendigen Planungs- und Orientierungshilfen zu bieten.

Die Thaya
Ein Natur- und Kulturraum im Waldviertel

Aus dem nächsten Umfeld der Thaya werden Wanderwege und Radrouten, sakrale Schätze und Traditionsbauten, geschichtsträchtige Ruinen und Wüstungen, seltene Amphibien und Vögel, Naturdenkmale, Blumenwiesen und Wälder beschrieben und mit vielen Farbaufnahmen präsentiert. Die Vielfalt der Blickpunkte eröffnet dem Leser eine faszinierende Schau auf die Herzlandschaft des Waldviertels.

Buchliste Pollner Verlag

Kanuführer / Wildwasser

Durch Österreichs Schluchten*
Französische Alpen
Marokko
Wildwasserführer Piemont
Traumbäche und Schmunzelgeschichten*
Wildwasserperlen I Schwarzwald
Wildwasserperlen II Schwarzwald, Jura, Vogesen
Wildwasserperlen der Hochalpen*
Tessin – Kanu- und Schluchtenführer
Die Steirische Salza

Kanuwandern:

Kanuwandern in Schleswig-Holstein
Kanuwandern durch die Mark Brandenburg
Kanuwandern – Die schönsten Kanutouren in Bayern
Kanuwandern zwischen Weser und Ems
Der Kamp
Thaya
Kanutouren zwischen Ardennen und Rhön
Loire
Allier
Seekajakziele – Traumküsten in Europa u. Übersee*
Das Kanuland Femund

Sport / Technik:

Sicher Eskimotieren und Kanurodeo
Lustige Kajakschule
Stechpaddelfahrschule
Seekajak Handbuch
Canyoning – Bergsport im Wasser*

Sport-Cartoons:

Kajak-Blindflug

Kanu-Literatur:

Das baldverlorene Paradies v. Rittlinger
Der Hadernkahn
In den Schluchten Europas
Wildwasserexpedition Colorado River
Eine freie Rheinfahrt
Kanu Total*

Die Loire – Kanuwandern auf einem königlichen Fluß

von M. Schulze 120 Seiten, 22 x 15,5 cm, 26 Farb-, 22 SW-Fotos 28,– DM

Ein Paradies für den, der sich entschließt, diesen großen Strom Frankreichs mit Kajak und Canadier zu befahren. Natur pur, Abenteuer, einsame Inseln, ruhige Dörfchen, traumhafte Schlösser, sehenswerte Städte, Kirchen, endlose Sandstrände, sommerselige Unbeschwertheit, französische Lebensart und viel Erholung erwarten denjenigen, der sich diesem Fluß, einem der letzten Weitwanderflüsse Europas, anvertraut. Der Autor beschreibt den Fluß von der Quelle bis zur Mündung und erzählt von seinen Erlebnissen.Gleichzeitig bietet dieses Buch eine Fülle von Informationen um eine Fahrt exakt planen und durchführen zu können.

Kanuwandern in Schleswig-Holstein 36,– DM

von Horst Teigler 200 Seiten, 22 x 15,5 cm, 29 Kartenskizzen, 28 Farb- und 25 SW-Bilder

Horst Teigler hat alle nennenswerten Flüsse seiner Heimat mit dem Kanu befahren. Seine unterhaltsamen Erlebnisse hat er in kurze Geschichten gefaßt. Dazu kamen genaue Angaben zu den Flüssen. In Lageskizzen sind die Ein- und Ausbootstellen eingezeichnet. Seine Bilder zeigen die Schönheit der Erholungslandschaften im nördlichen Bundesland. Im sehr ausführlichen Infoblock sind u.a. die Rückholmöglichkeiten des Autos mit öffentlichen Verkehrsmitteln aufgeführt. Alle wichtigen Campingplätze und Übernachtungsmöglichkeiten für einen kurzen, oder längeren Aufenthalt sind erwähnt. Dieses Buch ist ein ‚Muß', wenn Sie die Flüsse dieser Gegend mit dem Kanu erleben wollen.

Eine freie Rheinfahrt von Bibrich nach Antwerpen

von Walter von Diest 137 Seiten, 51 Zeichnungen
Das erste deutsche Kanubuch von 1883

Es schildert die spannenden Erlebnisse einer Kanufahrt von Bibrich nach Antwerpen 1881. Walter v. Diest´s unterhaltsame Schilderungen eröffnen einen Einblick in die längst vergangenen Tage der Kanupioniere.

Das baldverlorene Paradies

von H. Rittlinger 9. Auflage, 380 Seiten, 128 Abbildungen

Der Faltbootpionier Herbert Rittlinger hat mit spannenden Erzählungen seiner abenteuerlichen Reisen bis heute Jung und Alt fasziniert. In diesem Buch sind 'die tausend unentdeckten Schönheiten der heimischen Gewässer' Drau und Enns ausführlich geschildert. Dazu die abwechselnden Erlebnisse mit 'seinen 3 Kajakfrauen'. Neben aller Fröhlichkeit und Erlebnisfreude, die diesem Buch zu eigen ist, nimmt Rittlinger ahnungsvoll Abschied von den romantischen, damals noch unberührten Flußauen, Buchten und versteckten Zeltlagerplätzen. Die überarbeitete Neufassung zeichnet sich durch eine wichtige aktuelle Ergänzung aus. Max Pollner hat den Originalbildern modernes Bildmaterial mit den flußlandschaftlichen Veränderungen von heute gegenübergestellt. Das Buch dokumentiert die Umgestaltung der schönsten Gewässer Österreichs im Zeitraum weniger Jahrzehnte.

Stechpaddelfahrschule

von F. Riegel u. D. Raffler 38 Seiten, 18 x 12 cm, Ringheftung

Mit diesem Buch erlernen Sie die Grundlagen des Kanufahrens in ca. 1 Stunde.

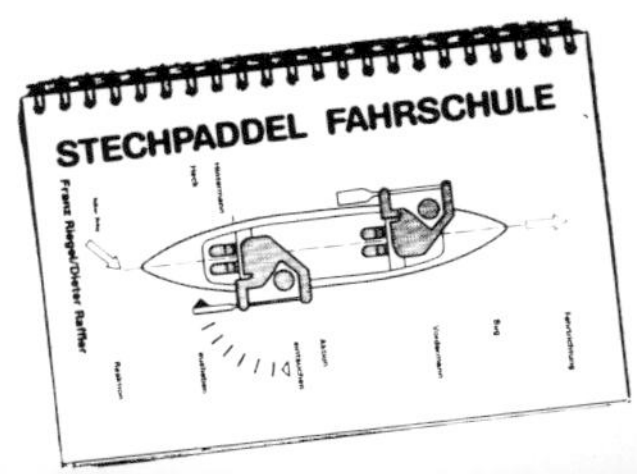